Weihnachtszauber
Ein Kochbuch & mehr
Von Andrea Oppermann

SCHNELL

Warendorf 2004

Inhaltsverzeichnis

SCHNELL Buch & Druck
Warendorfer Lieblingsbücher

Impressum
Weihnachtszauber - Ein Kochbuch & mehr
Rezepte und Text: Andrea Oppermann
Illustrationen und Umschlaggestaltung:
Hildegard-Johanna Seeger
Herstellung: Burlage Druck + Einband,
Warendorf-Freckenhorst

ISBN 3-87716-754-3
1. Auflage Warendorf September 2004

Stille Nacht, heilige Nacht!

Stille Nacht, heilige Nacht!
Alles schläft, einsam wacht
Nur das traute hochheilige Paar,
Holder Knabe im lockigen Haar,
Schlafe in himmlischer Ruh!

Englisch:

Silent night, holy night!
All is calm, all is bright
Round you virgin mother und child.
Holy infant, so tender and mild,
Sleep in heavenly peace!

Französisch:

Douce nuit, sainte nuit!
Tout dort, seul veille lui,
Ce couple très saint et bienheureux.
Charmant Enfant aux jolis cheveux,
Dors en céleste repos !

Schwedisch:

Stilla natt, heliga natt !
Allt är tyst, Klart och glatt
Skiner stjärnnan pa stallets stra
Och de korade helgen tva,
Som kringg Guds Son halla vakt!

Italienisch:

Tacita notte, sacro mister!
Nel silenzio, a vegliar
Alla culla del Figlio del ciel
Stan Maria e lo sposo fedel.
Gloria in cielo al Signor,
Nato è il Redentor!

Türkisch:

Sessiz gece, Kutsal gece,
herkes senin cevrende
Herpey parlak ve sakin,
kutsal ve tatlý yavru
Huzur ile uyu!

Spanisch :

Noche de paz, noche de luz,
Ha cacido Jesús.
Pastorcillos que ois anunciar,
No temáis cuando entréis a adorar,
Que ha nacido el Amor!

Niederländisch:

Stille nacht, heilige nacht,
Alles slaapt, eenzaam wacht,
Bij het Kindje ´t hoog-jeilige paar,
Rond de kribbe zingt d´engelschaar,
Slaap in hemelsche rust!

Gedanken zum Weihnachtsfest
und zu diesem Buch

Es erwarten Sie wunderbare weihnachtliche Rezepte und viele Informationen dazu, auch aus anderen Ländern der Welt. Es war schon beeindruckend zu erfahren, wie in der Ukraine, Mexiko, Tschechien oder auch in Norwegen oder Dänemark die Weihnachtszeit gefeiert wird.

Ich möchte einigen Menschen, die mich maßgeblich bei diesem Buch unterstützt haben, an dieser Stelle Dankeschön sagen!

Meiner Freundin Michaela, die mir ihre Kontakte in aller Welt zur Verfügung stellte, dabei auch für Übersetzungen aus Sprachen sorgte, deren Ländernamen ich gerade einmal schreiben konnte.

Herrn Salmann, meinem Verleger, der für meine Ideen offen war und sie unterstützt hat. Diese Freiheit, die ich hatte, ist mir sehr wohl bewusst.

Dann meiner Freundin Hildegard Seeger, die nicht nur alle meine Bücher bisher illustriert hat, sondern die mich jederzeit in vielen Dingen unterstützt hat, die darüber hinausgingen.

Auch Gunda Knappe, die sich in alle Bücher hinein gedacht hat, um mich dann bei der Ausformulierung der Rezept- und Informationsfülle zu beraten.

Weiter meiner Familie, meinem Mann Karsten und meinen Kindern Lisa und Markus, die mir geholfen haben, die arbeitsreiche Zeit zu meistern.

Zu guter Letzt danke ich meinen Eltern Anneliese und Karl-Heinz Kohn, die mich immer unterstützt und in meinem Tun bestärkt haben.

Ist nicht gerade die Weihnachtszeit, ein guter Zeitpunkt, sich Dinge ins Bewusstsein zu holen und einfach einmal dankbar zu sein?

Meine kleine, ganz persönliche Weihnachtsgeschichte

Jeder von uns hat vielleicht schon einmal ein Erlebnis in der Weihnachtszeit gehabt, an das er sein ganzes Leben lang in der Weihnachtszeit immer einmal wieder denkt.

So ging es auch mir einmal in einer Zeit, als mein Leben gerade viele Kapriolen machte. Vor denen ist man natürlich zu keiner Zeit im Leben sicher.

So trug es sich dann zu, dass ich im zweiten Jahr meiner Lehrzeit, ganz alleine in meiner ersten eigenen Wohnung lebte.

Als dann die Weihnachtszeit näher rückte, empfand ich alle Veränderungen, die stattgefunden hatten, sehr stark. Morgens im Dunkeln fuhr ich aus dem Haus und kam abends im Dunkeln wieder. Und auch sonst war einfach mehr zu tun in dieser Zeit. Oft wanderten meine Gedanken dann in mein elterliches Zuhause, wo auch meine jüngeren Geschwister noch immer wohnten.

Dinge, die meine Mutter immer gemacht hatte, um diese Zeit so schön und behaglich wie möglich zu machen, waren immer selbstverständlich gewesen. Jetzt musste ich mir selbst Gedanken darüber machen, ob ich vielleicht einmal Kekse backen sollte, oder auch die Wohnung etwas schmücken wollte. Als meine Eltern mich dann fragten: „Willst du eigentlich einen eigenen Weihnachtsbaum zum Fest in deiner Wohnung haben?“ - da war das wohl der einschneidenste Gedanke. Ich hatte natürlich vor lauter Arbeit gar keinen Gedanken für einen „Baum“ übrig.

Am Tag vor dem Heiligen Abend kam ich wie gewohnt spät im Dunkeln, müde und hungrig nach Hause in meine dunkle Wohnung. Ein Seufzer der Erleichterung entfuhr mir: Endlich geschafft! Und jetzt die Beine hoch!

Ich zog meine Jacke aus, stellte meine Tasche ab und ging ins Wohnzimmer, das völlig im

Dunkeln lag. Dort wollte ich an den Lichtschalter, doch fuhr ich mit einem erschrockenen Schrei zurück.
Etwas hatte mich gestochen! Dann nahm ich einen ganz besonderen Duft war. Als ich den Lichtschalter drückte, war ich wirklich sprachlos und habe wohl die größten Augen gemacht, die ich machen konnte. Auch der Mund ist mir wohl offen stehen geblieben.

Ich schaute auf einen Weihnachtsbaum!

Der war liebevoll geschmückt und dekoriert mit Dingen, die mir von „zu Hause“ wohl bekannt waren. Auch die Lichterkette fehlte nicht!
Der Kloß im Hals machte mir deutlich, dass die Freude und Rührung, die ich empfand, mir sehr nahe gingen.
Meine Eltern hatten es gemeinsam bewerkstelligt, mir eine solche Freude zu machen und hatten von ihrer eigenen kostbaren Zeit für mich so sehr viel davon erübrigt! Der Gedanke an dieses Weihnachtsfest ist noch heute etwas Besonderes für mich!

Verwendete Abkürzungen

Teelöffel : Tl.
Esslöffel : Essl.
Gramm : g
Kilogramm : kg
Messerspitze : Msp.
Milliliter : ml
Liter : l

Temperaturtabelle für Backöfen

Alle Temperaturangaben im Buch beziehen sich auf Ober- und Unterhitze. Hier eine kleine Tabelle zur Verwendung von Umluft:

150° OBU = 140° Umluft	225° OBU = 200 ° Umluft
160° OBU = 145° Umluft	250° OBU = 220 ° Umluft
170° OBU = 155° Umluft	
175° OBU = 160° Umluft	
180° OBU = 165° Umluft	
190° OBU = 170° Umluft	
200° OBU = 180° Umluft	

Temperaturen bei Gasöfen müssen den Herstellerangaben entnommen werden!

Der Bratapfel

Kinder kommt und ratet,
was im Ofen bratet!
Hört, wie`s knallt und zischt.
Bald wird er aufgetischt,
der Zipfel, der Zapfel,
der Kipfel, der Kapfel,
der gelbrote Apfel.

Kinder, lauft schneller,
holt einen Teller,
holt eine Gabel!
Sperrt auf den Schnabel
Für den Zipfel, den Zapfel,
den Kipfel, den Kapfel,
den goldbraunen Apfel.

Sie pusten und prusten,
sie gucken und schlucken,
sie schnalzen und schmecken,
sie lecken und schlecken,
den Zipfel, den Zapfel,
den Kipfel, den Kapfel,
den knusprigen Apfel.

Vorspeisen und Suppen

Lachstatar

500 g roher Lachs, 2 Essl. Zitronensaft, Olivenöl, 2 Essl. feingehackter Dill, Cayennepfeffer, 1 Essl. geriebener Ingwer, 1 Essl. feingehackte Schalotten, Salatblätter, Weißbrot.

Den Lachs mit einem scharfen Messer hacken, so dass er fast matschig wird. Mit Zitronensaft und Olivenöl und im Kühlschrank ½ Stunde ruhen lassen.
Eine halbe Stunde vor dem Servieren den feingehackten Dill, Cayennepfeffer, Ingwer und die Schalotten unterheben und nochmals abschmecken.
Pro Person mit einem Esslöffel 1-2 Nocken von der Masse abnehmen und auf einem kleinen Teller in ein Salatblatt setzen. Zusammen mit einer Scheibe geröstetem Weißbrot servieren.

Gemüsefrittata mit Lachsstreifen
(8 Personen)

3 Schalotten gewürfelt, 4 Knoblauchzehen gehackt, je 1 kleine grüne und rote Paprikaschote gewürfelt, 250 g Champignons in Scheiben, 4 Tl. Olivenöl, 250 g Weißbrot, 7 Eier, 100 g Schlagsahne, 50 ml trockener Weißwein, Salz, grober Pfeffer, Tabasco, 200 g Creme Fraiche, 100 Cheddar gerieben, 100 g Räucherlachs.

Öl in einen Topf geben und alles Gemüse darin 5 Minuten dünsten. Ein Stück Backpapier in den Boden einer Tortenform einklemmen. Weißbrot würfeln, mit dem Gemüse mischen und in die Form füllen. Eier mit Sahne, Wein, Salz, Pfeffer, Tabasco und Creme Fraiche aufschlagen und über das Gemüse geben. Im vorgeheizten Backofen bei 180° (Mitte) 35 Minuten backen. Nach 20 Minuten den Käse darüber verteilen. Den Lachs in feine Streifen schneiden und vor dem Servieren jedes Stück Frittata damit belegen.

Zucchinipüfferchen mit Krabben (6 Personen)

800 g Zucchini, Salz, Pfeffer, 4 Eier, 4 Knoblauchzehen ausgepresst, 2 Essl. Petersilie gehackt, 8 Essl. Mehl, 100 g Emmentaler gerieben, 200 g Nordseekrabben, 1 rote Zwiebel gewürfelt, 1 Essl. Dill gehackt, 1 Tl. Zitronensaft. Öl zum Ausbacken.

Zucchini in dünne Stifte hobeln und mit Salz, Pfeffer, Eiern, Knoblauch, Petersilie, Mehl und Emmentaler gut verrühren. Öl in eine Pfanne geben und nach und nach kleine Puffer ausbacken. Fertige Puffer warm halten. Krabben mit Zwiebelwürfeln, Dill und Zitronensaft vermengen und etwas ziehen lassen. Auf kleine Vorspeisenteller jeweils 2 Puffer geben, diese mit jeweils einem gehäuften Teelöffel Krabben füllen und umklappen.

Tipp: Auf die umgeklappten Puffer noch einen dünnen Streifen einer frischen roten Paprika legen, denn: Das Auge isst mit!

Avocadosalat

Salat: 2 reife Avocados, 2 Essl. Zitronensaft, ½ Kopf Eisbergsalat (klein), 1 rote Zwiebel gewürfelt, 2 Tomaten, 1Mozarellakugel.
Dressing: 1 Tl. grobkörniger Senf, 1 Tl. Honig, 2 Essl. Zitronensaft, 3 Essl. Öl, Salz, Pfeffer.

Avocados waschen, halbieren, entkernen, schälen, in Spalten schneiden und mit Zitronensaft beträufeln. Den Salat klein schneiden. Die Tomaten waschen und würfeln. Zwiebelwürfel und Tomatenwürfel mit Salat mischen, in Portionsschalen geben und die Avocadospalten darauf verteilen. Den Käse in dünne Streifen schneiden und in der Mitte auflegen.

Für das Dressing Senf, Honig, Zitronensaft, Öl, Salz und Pfeffer gut miteinander verschlagen und über dem Salat verteilen.

Gemüsesuppe mit Croutons

3 Knoblauchzehen gehackt, 50 g Ingwer in Scheiben, 2 Lauchzwiebeln gehackt, 1 Chilischote gehackt, 4 Essl. Öl, 1 Essl. brauner Zucker, 2 Essl. dunkler Balsamicoessig, 5 Essl. Sojasauce, 1 l Gemüsebrühe, Salz, Pfeffer, 1 Wurzel, 1 kleine Porreestange, 4 Scheiben Toast, 2 Essl. Butter.

Knoblauch, Ingwer, Lauchzwiebeln und Chilischote in Öl andünsten. Den Zucker zugeben und leicht karamellisieren lassen. Mit der Gemüsebrühe dem Essig und der Sojasauce ablöschen und 10 Minuten köcheln lassen. Durch ein Sieb abgießen und mit Salz und Pfeffer abschmecken.
Die Wurzel putzen und in feine Stifte schneiden. Den Porree in feine Ringe schneiden. Das Gemüse zur Suppe geben und 6-7 Minuten darin ziehen lassen.
Für die Croutons die Butter zerlassen. Das Brot würfeln, in die Butter geben und leicht anrösten.
Die Suppe mit den Croutons anreichen.

Tomatensuppe mit Pfiff

1 kg Tomaten, Salz, Pfeffer, 4 ausgepresste Knoblauchzehen, 1 kleine Dose Aprikosen, 100 ml Gin, Nelkenpulver, 200 g geschlagene Sahne, ½ l Brühe, 2 Essl. Stärke, 3 Essl. Olivenöl.

Die Tomaten 2 Minuten in kochendes Wasser geben und unter fließend kaltem Wasser sofort abschrecken. Die Haut abziehen, den Strunk entfernen und die Tomaten fein würfeln. Das Öl erhitzen, die Tomaten darin mit Knoblauch andünsten, mit der Brühe ablöschen und 15 Minuten köcheln lassen. Die Aprikosen in kleine Spalten schneiden. Den Saft zur Suppe geben. Gin zugeben und mit Salz, Pfeffer und Nelkenpulver abschmecken. Stärke mit etwas Wasser glatt rühren und die Suppe abbinden. Jetzt die Aprikosen zugeben, aber die Suppe nicht mehr aufkochen lassen. In kleine Suppenschalen oder Teller geben und mit einer Sahnehaube servieren.

Lässt sich gut vorbereiten und schmeckt lecker!

Kartoffel-Krabbensuppe

600 g Kartoffeln, 1 l Brühe, 3 Essl. gehackter Dill, 1 Becher Sahne, 1 Becher Schmand, 200 g Nordseekrabben, Salz, Pfeffer, einige Essl. geschlagene Sahne.

Kartoffeln schälen, grob würfeln und zusammen mit der Brühe zum Kochen bringen. 15 - 20 Minuten weichkochen. Kartoffelstücke in ein separates Gefäß geben und mit einem Passierstab fein pürieren. Das Püree wieder in die Brühe geben und gut vermengen. Sahne, Schmand und Dill einrühren. Einmal kurz aufkochen lassen, vom Herd nehmen, die Krabben zugeben und 10 Minuten in der Suppe ziehen lassen. Mit Salz und Pfeffer abschmecken. Zu diesem Zeitpunkt kann die Suppe wieder auf die bereits ausgeschaltete Herdplatte gestellt werden, um bis zum Servieren warm gehalten zu werden. Mit Sahnehaube servieren.

Steckrübencremesuppe

400 g Steckrübe, 400 g Kartoffeln, 1 l Brühe, 100 g Bacon, 1Essl. Butter, Salz, Pfeffer, Muskat, 1 Becher Sahne. 50 g Creme Fraiche, 1 Möhre, gehackte Petersilie.

Steckrübe schälen und würfeln. Kartoffeln schälen und würfeln. Gemüse in einen Topf geben und in der Brühe zum Kochen bringen. 15-20 Minuten weich kochen. Alles mit einem Passierstab fein pürieren. Bacon fein würfeln und in zerlassener Butter knusprig auslassen. Die Möhre putzen, fein raspeln und in die Suppe geben. Sahne und Creme Fraiche unterrühren und die Suppe noch etwas ziehen lassen. Mit Salz, Pfeffer und Muskat abschmecken.
Vor dem Servieren die Suppe mit gehackter Petersilie bestreuen und den Bacon zugeben.

Die Suppe ist lecker und schnell zubereitet!

Tipp: Statt Kartoffeln kann auch Kürbis verwendet werden!

Lachsbouillon

300 ml Fischfond, 200 ml trockener Wermut, 400 ml Gemüsebrühe, 200 g Lachsfilet, etwas glatte Petersilie, etwas gemahlener weißer Pfeffer, 1 Essl. Zitronensaft.

Fischfond, Wermut und Gemüsebrühe in einem Topf mischen und zum Kochen bringen.

Das Lachsfilet aneisen, oder gefrorenes Filet antauen, und in feine Streifen schneiden.

Den Topf vom Herd nehmen, Zitronensaft und Pfeffer zugeben, den Fisch hinein geben und 3 Minuten darin ziehen lassen.
Teller vorwärmen, den Fisch darin verteilen und mit Brühe auffüllen. Mit Petersilie dekoriert anreichen.

Schnelle Krebssuppe

300 g feine TK-Erbsen, 350 g Blumenkohlröschen, 1200 ml Brühe, Salz, Pfeffer, 1 Becher Sahne, 4-5 Essl. Krebssuppenpaste (alternativ Krebsbutter), etwas geschlagene Sahne, 150 g Nordseekrabben.

Das Gemüse in kochendem Wasser 3 Minuten kochen lassen und abgießen.

Die Brühe zum Köcheln bringen und die Krebssuppenpaste unter Rühren auflösen. Sahne zugeben und 10 Minuten köcheln lassen. Hitze weiter reduzieren, das Gemüse zugeben und mit Salz und Pfeffer abschmecken. 10 Minuten vor dem Servieren die Krabben zugeben und in der Suppe ziehen lassen.
Mit Sahnehaube servieren.

Gut vorzubereiten und schnell gemacht!

Vaianten: Statt Krabben - Fleischklöße als Einlage.
Oder - ganz ohne Krabben und Klöße.

Klare Champignonsuppe

30 g Butter, 1 Zwiebel gewürfelt, 250 g mageres Kalbfleisch, 300 g frische Champignons in Scheiben, 1 Essl. getrocknete Champignons, 1 l Instantbrühe, Salz, Pfeffer, etwas frische Petersilie.

Butter in einem Topf zerlassen und die Zwiebel darin glasig dünsten. Kalbfleisch fein schnetzeln und darin gut anschmoren. Getrocknete Pilze fein zerhacken. Frische und getrocknete Pilze zugeben und mit Brühe aufgießen. Eine halbe Stunde leicht kochen lassen. Mit frischer Petersilie garniert servieren.

Die Hauptsachen und Fondue

Karpfen blau

1 küchenfertiger Karpfen (ca. 2 kg), Salz, Pfeffer, Essig, 125 ml Essig.
Für den Sud: 2 Wurzeln, 1 Zwiebel, 4 Gewürznelken, 1 Bund Petersilie, 1 Zweig Estragon, 10 schwarze Pfefferkörner, 2 l Wasser, 125 ml Essig, 250 ml Weißwein, 1 Essl. Salz, 1 Tl. Zucker.

Den Karpfen waschen und trocken tupfen. Mit einem scharfen Küchenmesser ca. 5 cm große Stücke schneiden. Auch am Kopfstück noch etwas Fleisch belassen. Die Stücke nur an den Fleischseiten, nicht auf der Haut, leicht salzen und pfeffern. Den Essig erhitzen und über den Karpfen gießen. Ziehen Lassen.

In der Zwischenzeit Wurzeln putzen und klein würfeln. Zwiebel schälen und vierteln.
Wasser in einen Topf geben und Wurzeln, Zwiebel, Nelken, Petersilienstängel, Estragon, Pfefferkörner, Essig, Weißwein, Salz und Zucker zufügen. ½ Stunde köcheln lassen.

Dann den vorbereiteten Karpfen zugeben und 25 Minuten darin ziehen lassen. Er darf nicht mehr kochen.
Den Karpfen aus dem Sud nehmen und am Besten auf einer vorgewärmten Platte anreichen.

Dazu können Salzkartoffeln gereicht werden.

Klassisch wird dazu zerlassene Butter und geschlagene Sahne mit frischem Meerrettich gereicht.
Wem das zu mächtig ist, kann auch ein leichtes Gemüse dazu servieren.

Kassler in Honig-Senf-Sauce

1 kg Kasslerkarbonade ohne Knochen, 3 Wurzeln, 2 Zwiebeln, 2 Zucchini, Pfeffer, 250 ml Brühe, Fett für die Form.
Sauce: 1 Essl. scharfer Senf, 2 Essl. Honig.

Wurzeln putzen und klein schneiden. Zwiebeln schälen und in dicke Ringe schneiden. Zucchini in Scheiben schneiden. Das vorbereitete Gemüse in eine gefettete Form geben und das Fleisch oben auf, mit der oberen Seite nach unten, legen. Im vorgeheizten Backofen bei 190° (Mitte) 30 Minuten backen. Für die Sauce Senf mit Honig verschlagen. Das Kassler umdrehen und mit der Sauce oben einstreichen. Eine weitere halbe Stunde backen.
Lässt sich gut vorbereiten!

Tipp: Dazu einen Salat und Kartoffelgratin reichen!

Putensteak in Pflaumensauce

800 g Putenbrust, Salz, Pfeffer, 40 g Butter, 300 ml trockener Rotwein, 400 ml Sahne, 150 g Trockenpflaumen, 2 große Zwiebeln, etwas Mehl, 150 g geriebener Käse, Fett für die Form.

Butter in einer Pfanne zerlassen und die Putensteaks darin gut anbraten, salzen und Pfeffern und auskühlen lassen. Rotwein in einen Topf geben und um die Hälfte reduzieren. Die Zwiebeln in grobe Ringe schneiden. Die Pflaumen halbieren. Das Fleisch von beiden Seiten einmal kurz in Mehl wälzen. Zwiebeln in eine gefettete Auflaufform geben. Das Fleisch darauf verteilen und die Pflaumen dazwischen legen. Rotwein mit Sahne mischen und mit wenig Salz und Pfeffer abschmecken. Die Sauce über dem Fleisch verteilen und die Form über Nacht in den Kühlschrank stellen. Am Tag darauf im vorgeheizten Backofen bei 175° (Mitte) 45 Minuten backen. Kurz vorher noch mit Käse bestreuen.
Dazu kann Reis und ein Salat gereicht werden!

Schweinefilet Madagaskar

2 Essl. Öl, 800 g Schweinefilet, Salz, Pfeffer, 2 Essl. Mehl, 3 Essl. Butter, 4 Essl. gehackte Zwiebeln, 400 g Champignons in Scheiben, 3 Essl. grüne Pfefferkörner, 2 Essl. Zitronensaft, 1 Tasse Rotwein, 1 Essl. Estragon, 1 Essl. gehackte Petersilie, ½ Tasse braune Bratensauce gebunden, ½ Tasse Sauce Hollandaise, 50 ml Palmin flüssig, 200 ml Sahne.

Die Sahne steif schlagen. Das Schweinefilet in Scheiben schneiden, salzen und pfeffern, mit Mehl bestäuben und im heißen Öl beidseitig gut anbraten, herausnehmen und auf einer Platte warm halten.
Etwas Butter in die Pfanne geben, die Zwiebeln und im Anschluss die Pilze zugeben und dünsten. Pfefferkörner und Zitronensaft zugeben und mit Rotwein ablöschen. Die Flüssigkeit reduzieren.

Estragon und Petersilie, sowie Bratensauce zufügen und aufkochen. Die Pfanne vom Herd nehmen, Hollandaise und Sahne unterziehen, das Fleisch mit dem Saft in die Sauce geben und noch etwas durchziehen lassen. Mit Salz und Pfeffer abschmecken.

Als Beilage Reis und einen frischen Salat reichen!

Tipp: Dieses Gericht kann auch schon am Vortag zubereitet werden. Dann empfiehlt es sich, es in einer feuerfesten Form kühl zu stellen. Im Anschluss kann man es dann gut im Backofen erwärmen!

Wildkaninchen im Gemüsebett

1 küchenfertiges Kaninchen von ca. 1 kg, 2 Wurzeln, 200 g Sellerie, 2 Zwiebeln, 1 Porreestange, 6 cl. Rotwein, Salz, Pfeffer aus der Mühle, 100 g geräucherter Speck in Würfeln, 2 Essl. Butter.

Die Kaninchenteile enthäuten. Das Gemüse putzen und fein würfeln. Die Butter in einem Topf zerlassen, die Fleischteile darin scharf anbraten und von allen Seiten gut würzen. Das Gemüse in eine Form geben. Die Fleischteile mit dem Buttersud darauf legen, die Speckwürfel darauf verteilen und mit Alufolie abdecken. Im vorgeheizten Backofen bei 200° 1 Stunde backen. Die Folie entfernen, die Fleischteile einmal umdrehen, mit Rotwein aufgießen und noch 30 Minuten backen. Aus dem Sud eine Sauce bereiten und das Kaninchen mit Kartoffeln und Gemüse nach Wahl anreichen.

Gänsebraten

1 Gans ca. 4,5 kg, Salz, Pfeffer, 600 g Äpfel, 100 g Rosinen, 4 Essl. Semmelmehl, 1 Zweig Rosmarin. 300 ml Fliederbeersaft ungesüßt.

Die Gans waschen, trockentupfen und von innen und außen leicht salzen und pfeffern. Die Äpfel schälen, würfeln und mit Semmelmehl und Rosinen mischen. Die Füllung in die Gans geben und mit Holzstäbchen verschließen. Die Gans mit der Brustseite nach unten in eine Fettpfanne legen, den Rosmarinzweig dazugeben und mit Fliederbeersaft angießen. Im vorgeheizten Backofen bei 200° 2,5 bis 3 Stunden backen. Dabei immer wieder mit dem Bratenfond begießen. Austretendes Fett abschöpfen. Nach 90 Minuten die Gans auf den Rücken drehen. Mit dem abgegossenen Wasser der Kartoffeln und dem Bratenfond die Sauce zubereiten. Dazu kann Rotkohl und anderes Gemüse gereicht werden.

Tipp: Traditionell können auch Kartoffelklöße gereicht werden!

Ente mit Orangensauce

Flugente von ca. 2 kg, Salz, Saft und abgeriebene Schale einer Orange, 2 Gläser Weißwein, 1 Tasse Fleischbrühe, 1 Essl. Speisestärke, 1 Tasse Sahne, Saft von 2 Orangen, etwas Orangenschale.

Die Ente waschen, gut abtrocknen, innen und außen salzen. Gut mit Orangensaft und -schale einreiben. Mit der Brust nach unten in eine Form legen und mit einem Glas Weißwein angießen. Im vorgeheizten Backofen bei 200° 1 Stunde backen. Dabei immer wieder mit dem Bratenfond begießen. Dann die Ente umdrehen und eine weitere Stunde backen. Nach einer halben Stunde das 2te Glas Wein, die Brühe, Orangenschale und -saft zugeben. Die Ente warm halten, den Fond durch ein Sieb passieren und mit der Stärke eine Soße binden.
Dazu können Gemüse, Kartoffeln oder auch Kroketten gereicht werden!

Glasierte Putenkeule

4 Essl. fertiges Mangochutney, 1 Essl. Honig, Chilipulver, Tabasco, 4 ausgepresste Knoblauchzehen, Salz, weißer Pfeffer, Paprikapulver, Curry, 4 cm frisch geriebener Ingwer, 1 Putenkeule (ca. 1,5 kg), 1 frische Ananas, 2 rote Zwiebeln gewürfelt, 4 Pfirsichhälften (entweder frisch oder aus dem Glas), 150 ml Hühnerbrühe, ½ Glas Weißwein.

Die Putenkeule waschen und trockentupfen. Mangochutney mit Honig, Chilipulver, Tabasco, Knoblauch, Salz, Pfeffer, Paprika, Curry und Ingwer gut verrühren und die Putenkeule damit einstreichen. Im Kühlschrank mindestens 3 Stunden marinieren lassen. Die Ananas schälen, in Scheiben schneiden, den Strunk entfernen und in kleine Würfel schneiden. Den austretenden Saft dabei auffangen. Pfirsich würfeln. Putenkeule in eine feuerfeste Form geben. Ananas, Zwiebel und Pfirsich zugeben und mit Brühe und Wein aufgießen. Bei 180 ° 2 Stunden backen. Aus dem Sud eine Sauce bereiten. Dazu Reis reichen!

Flugentenbrustfilets mit Kräutersauce

4 Entenbrustfilets von jeweils ca. 300 g, 2 Zweige Rosmarin, 8 Salbeiblätter, 1 Zweig frischer Thymian, 1 Tasse Sekt, Salz, Pfeffer, 1 rote Zwiebel grob gewürfelt, Öl zum Anbraten, 1 Tasse Wasser, 1 Tl. Instant-Hühner-Brühe, 2 Tl. Speisestärke.

Die Entenbrüste waschen und trockentupfen. Öl in einer Pfanne erhitzen und die Entenbrüste zuerst mit der Hautseite und dann mit der Fleischseite anbraten. Das Fleisch in eine feuerfeste Form legen und gut salzen und pfeffern. Rosmarin, Salbei, Thymian und Zwiebelwürfel darum herum verteilen. Mit Sekt, Wasser und Brühe angießen und im vorgeheizten Backofen bei 190° (Mitte) 60 Minuten backen. Ab und zu mit dem Sud begießen. Die Entenbrustfilets warm halten, den Sud durch ein Sieb passieren. Speisestärke mit etwas Wasser glatt rühren und die Sauce damit binden, evtl. noch etwas abschmecken. Dazu Kroketten, Kartoffeln, Brokkoli mit Mandelsplittern und Rotkohl reichen!

Geschnetzeltes vom Reh mit Pfifferlingen

800 g ausgelöstes Fleisch vom Reh (z.B. von den Blättern), 2 gewürfelte Zwiebeln, 2 Essl. Butter, 200 g Sahne, 6 Essl. trockener Sherry, 400 g Pfifferlinge, 1 gewürfelte Zwiebel, Salz, Pfeffer, 1 Essl. Butter. 2 Tl. Speisestärke.

Das Fleisch in schmale Streifen schneiden. 2 Essl. Butter in einem Topf zerlassen, Zwiebeln kurz anschwitzen und das Fleisch zugeben. Mit Sherry und einer Tasse Wasser ablöschen. Zugedeckt 40 Minuten leicht köcheln lassen. In der Zwischenzeit die Pilze je nach Größe zerteilen, die Butter in einem Topf zerlassen und Pilze und Zwiebel darin anschwitzen. Mit Salz und Pfeffer abschmecken und beiseite stellen. Das Geschnetzelte mit der Sahne aufgießen, mit der glatt gerührten Stärke abbinden und mit Salz und Pfeffer abschmecken. Die Pilze unter rühren. Dazu können Spätzle und ein frischer Salat gereicht werden oder aber klassisch mit Kartoffeln und Gemüsevarianten!
Lässt sich gut vorbereiten!

Rehrückenmedaillons mit Pilzhaube

800 g ausgelöstes Rehrückenfilet, Salz, Pfeffer, 2 Essl. Butter, 800 g Steinpilze tiefgefroren, 1 Essl. Butter, 2 Essl. gehackte Petersilie, 75 g geriebener Emmentaler, etwas Wildgewürz, 1 gewürfelte Zwiebel, 3 Essl. gewürfelter Speck.

Den Rehrücken enthäuten, vorsichtig waschen und mit einem Küchenkrepp trockentupfen. Das Fleisch in Medaillons zerteilen. Butter in einer Pfanne zerlassen und das Fleisch von beiden Seiten gut braten. Mit Salz, Pfeffer und Wildgewürz abschmecken und im Backofen bei 120° abgedeckt ruhen lassen. In einem Topf die Butter zerlassen, die Zwiebelwürfel darin mit dem Speck andünsten und die Pilze zugeben. Köcheln lassen, bis das Wasser sich reduziert hat. Mit Petersilie mischen und mit Salz und Pfeffer abschmecken. Das Fleisch mit der Pilzmischung abdecken und mit Käse bestreuen. 5-10 Minuten im Backofen überbacken. Dazu können Kroketten und Gemüse gereicht werden. Alternativ geht auch ein bunter Salat mit Herzoginkartoffeln!

Knoblauchforelle

4 kleine Forellen (insgesamt ca. 2 kg), 125 g Butter, 12 Knoblauchzehen, Salz, Pfeffer, 4 Zweige frischer Dill, Alufolie.

Die Forellen gut waschen und trockentupfen. Knoblauchzehen abziehen und halbieren. Jede Forelle auf ein großes Stück Alufolie legen. Die Forelle salzen und pfeffern. Jeweils 4 halbe Knoblauchzehen in den Bauch legen und 2 halbe auf die Forelle. Die Butter in dünne Scheiben schneiden und jeweils etwas innen und oben darauf legen. Den Dill innen einlegen. Die Forellenpäckchen nach oben verschließen und im vorgeheizten Backofen bei 200° 40 Minuten backen.
Serviert wird für jede Person ein Paket direkt mit der Folie. Dazu wird frisches Weißbrot gereicht oder Salzkartoffeln. Ein Salat passt auch gut dazu!

Gut vorzubereiten!

Fondue

Es ist immer eine besonders gemütliche Sache.
Hier einige Grundmengenangaben und
Faustregeln!

Grundsätzlich wird pro Person eine
Fleischmenge von ca. 300 g zu Grunde gelegt.
Hier gleich ein Tipp: Probieren Sie Fondue auch
einmal mit Wild dazu. Sehr lecker!

Dazu empfiehlt es sich, der Vielfalt und der
Bekömmlichkeit wegen, auch Gemüse, wie z.B.
Champignons, Blumenkohlröschen,
Zwiebelstücke oder Kürbiswürfel anzubieten.
Auch eine gebackene Kartoffel und ein Salat
lassen sich gut dazu vorbereiten.
Fondues können mit Fett oder Brühe zubereitet
werden. Bei der Auswahl des Fettes sollte darauf
geachtet werden, dass ein geschmacksneutrales
Fett verwendet wird, damit der Eigengeschmack
der Zutaten nicht überlagert wird.
Auch sollte man das Fett vorher auf dem Herd
erhitzen. Das geht auf jeden Fall schneller!

Besonders lecker: Käsefondue!

Hierzu wird bei niedriger Temperatur ca. 800 g Käse (bei 4 Personen) geschmolzen und verschiedenes Brot sowie vorbereitetes Gemüse gereicht, das dann in den Käse getunkt wird. Tipp dazu: Knoblauch, oder auch etwas Wein in den Käse geben.

Eine säuerliche Beilage sollte bei keinem Fondue fehlen. Relisch, eingelegte Gurken, Rote Beete und Kürbis bieten sich an und runden das Essen ab.
Fondues sind immer etwas Tolles. Sie lassen sich gut vorbereiten. Gemütlich sitzen alle um einen Tisch, wo sich dann jeder zusammenstellt, was er persönlich gerne mag.
Lecker sind auch immer selbstgemachte Fonduesaucen!
Das ist nicht schwer und etwas Besonderes!

Hier ein weiterer Tipp: Die Saucen passen genauso gut als Dipp zu Gemüse und Salaten!

Viel Spaß beim Ausprobieren!

Grundrezept Mayonnaise

1 Ei, 1 Tl. Senf, ½ Tl. Salz, 1 Tl. Zucker, 1 Tl. Essig oder Zitronensaft, 250 ml Öl.

Ei, Senf, Salz, Zucker und Essig in einem Rührgefäß mit einem Passierstab gut vermengen. Dann tröpfchenweise das Öl zugeben, bis die Mayonnaise die gewünschte Konsistenz hat.

Wichtig: Alle Zutaten sollten bei gleicher Temperatur verarbeitet werden. Das Eigemisch gerinnt, wenn z.B. alle Zutaten aus dem Kühlschrank kommen und nur das Öl aus der warmen Küche!

Tipp: Die Mayonnaise ist nicht ganz so mächtig, wenn 75 g Naturjoghurt untergemischt werden. Sie bleibt allerdings nicht mehr so fest!

Asiadipp

100 g Mayonnaise, 50 g Naturjoghurt, ½ Tl. Kurkuma, 20 g Ingwer, 1 kleine Schalotte, 50 g klein gehackter Porree, Cayennepfeffer, Salz, Pfeffer, gemahlener Koriander.

Ingwer schälen und reiben. Schalotte schälen und fein würfeln. Mayonnaise, Joghurt, Kurkuma, Ingwer, Schalotte, Porree, Cayennepfeffer, Salz, Koriander und Pfeffer gut vermischen.

Kräuterkäsesauce

150 g Frischkäse, 100 g Kräuterschmelzkäse, 1 ausgepresste Knoblauchzehe, 1 Essl. gehackte Petersilie, Pfeffer.

Frischkäse, Schmelzkäse und Knoblauch mit dem Passierstab gut vermengen. Petersilie unterheben und mit Pfeffer abschmecken.

Knoblauchmayonnaise

1 Grundrezept Mayonnaise (ohne Senf), 3 Knoblauchzehen, scharfer Paprika.

Zu der vorbereiteten Mayonnaise 3 Knoblauchzehen auspressen und mit dem Passierstab gut untermengen. Mit dem scharfen Paprika abschmecken.

Currysauce

1 Grundrezept Mayonnaise, ½ Banane, 1 Tl. Curry, 1 Essl. Johannisbeergelee, 2 Essl. Sahne, 1 Tl. Zitronensaft.

In die fertige Mayonnaise die Banane grob gestückelt geben und mit dem Passierstab gut vermengen. Curry, Gelee, Sahne und Zitronensaft untermengen und evtl. noch mit Salz abschmecken.

Meerrettich-Sahne

1 Grundrezept Mayonnaise, 75 g Naturjoghurt, 1 Essl. frisch geriebener Meerrettich, 100 g geschlagene Sahne, ½ Schale Brunnenkresse, weißer Pfeffer, Zucker, Salz.

Mayonnaise mit Joghurt und Meerrettich gut vermengen. Die Sahne unterheben. Die Kresse kurz abschneiden und zufügen. Mit Pfeffer, Zucker und Salz abschmecken.

Paprikasauce

1 Grundrezept Mayonnaise, ½ rote Paprika, scharfes Paprikapulver, 1 ausgepresste Knoblauchzehe, 50 g Naturjoghurt, Salz.

Paprika halbieren, entkernen und in sehr feine Würfel schneiden. Mayonnaise mit Paprika und Paprikapulver, Knoblauch, Joghurt und Salz gut vermischen.

Orangenrelisch

4 Orangen, 2 große Zwiebeln, 200 g Kürbis, 3 Essl. Zucker, 1 Tl. Salz, 4 Essl. Essig, ½ Chilischote, 2 Blatt Gelatine.

Von 2 Orangen den Saft auspressen und die 2 übrigen filetieren und würfeln. Den dabei austretenden Saft auffangen. Die Zwiebeln schälen und würfeln. Den Kürbis schälen, entkernen und fein raspeln.
Die Chilischote entkernen und sehr fein hacken.

Den Saft mit den Zwiebelwürfeln, Kürbis, Zucker, Salz, Essig und Chilischote erhitzen und einköcheln, bis sich die Flüssigkeit etwas reduziert hat. Die Gelatine einweichen. Die Orangenstücke zugeben und noch 7 Minuten köcheln lassen. Vom Herd nehmen, etwas abkühlen lassen und in dem noch warmen Relish die Gelatine auflösen.

Desserträume

Eisparfait

125 g gemischte Trockenfrüchte, 30 g Cocktailkirschen, 30 g Zitronat, 4 Essl. Weinbrand, 450 ml Sahne, 1 Packung Sahnesteif, 85 g Zucker, 85 g feines Paniermehl, ½ Tl. Zimt, 85 g brauner Rohrzucker.

Trockenfrüchte, Zitronat und Kirschen fein hacken und mit Weinbrand vermischt über Nacht ziehen lassen. Die Sahne mit dem Zucker und Sahnesteif sehr steif schlagen. Und unter Rühren halbfest werden lassen. Paniermehl mit Zimt und Rohrzucker mischen und auf ein mit Backpapier ausgelegtes Backblech geben. Im vorgeheizten Backofen bei 200° 10 Minuten karamellisieren lassen, abkühlen lassen und in kleine Stücke brechen. Die vorbereiteten Früchte und das Karamell unter die halbgefrorene Sahne heben, in eine kleine Form geben und gefrieren lassen. 15 Minuten vor dem Servieren aus dem Gefrierfach nehmen und auf eine Platte stürzen.

Tipp: Mit Sahnerosetten und Streuseln servieren!

Weihnachtseis

250 ml Sahne, 75 g Zucker, 1 Vanillezucker, 2 Eiweiß, 2 Tl. Puderzucker, 1 Tl. Lebkuchengewürz.

Sahne mit Zucker und Vanillezucker steif schlagen. Eiweiß mit Puderzucker steif schlagen und dabei das Lebkuchengewürz unterziehen.

Sahne mit dem Eischnee locker vermengen und etwa 3 Stunden gefrieren lassen.

Tipp: Dazu warme Zimtpflaumen servieren!

Festlicher Obstsalat

800 g gemischte vorbereitete Früchte (z.B. Birne, Apfel, Banane, Ananas, Orange, Kiwi, Weintrauben)
Für die Sauce: 75 g Butter, 5 Eigelb, 100 g Zucker, 3 Essl. Zitronensaft, 1 Prise Salz, 250 g Sahne, 1 Sahnesteif, 100 g gehobelte Mandeln, 4 Essl. Rum.

Für die Sauce Butter schmelzen. Zusammen mit Eigelb, Zucker, Zitronensaft und Salz im Wasserbad abschlagen, bis eine Creme entstanden ist. Abkühlen lassen und gelegentlich dabei umrühren. Dann in einer Schüssel mit den Früchten und dem Rum vermischen.
Die Sahne mit dem Sahnesteif aufschlagen und unter den Salat heben. Im Kühlschrank mindestens 12 Stunden kühl stellen.
In einer beschichteten Pfanne die Mandelblätter leicht anrösten und vor dem Servieren den Obstsalat damit bestreuen.

Tipp: Lässt sich gut vorbereiten!

Birgits Spekulatius-Mousse mit Orangensauce

Für die Mousse: 200 g Zartbitterschokolade, 100 g Spekulatius, 200 ml Schlagsahne, 3 Eiweiß, 40 ml brauner Rum.
Für die Orangensauce: 8 Orangen, 4 Essl. Cointreau, 20 g Speisestärke, 65 g Rohrzucker, 1 Tl. Vanilla.

Die Schokolade zerbröckeln und im Wasserbad schmelzen. Kekse grob zerkleinern. Sahne und Eiweiß getrennt steif schlagen, vermischen und zügig die Schokolade unterziehen. Die Hälfte der Mousse-Masse in eine Schüssel geben. Die Kekse darauf verteilen und mit dem Rum beträufeln. Die restliche Masse einfüllen und 4 Stunden kühl stellen. 5 Orangen schälen und filetieren. Den Saft dabei auffangen. 3 Orangen auspressen. Den Saft mit Zucker und Vanilla in einen Topf geben. Speisestärke mit Likör glatt rühren und den Saft damit abbinden. Orangenfilets zugeben und unter gelegentlichem Umrühren auskühlen lassen. Auf Tellern die Orangensauce verteilen, von der Mousse Nocken abstechen und hineinsetzen.

Nougattraum

Für den Pudding: ½ l Milch, 1 Packung Schokoladenpuddingpulver, 4 Essl. Zucker, 100 g Nougatmasse, 100 g gehackte Mandeln.
Für die Creme: 1 Becher Sahne, 4 Essl. Grand Manier, Schale einer unbehandelten Orange.

4 Essl. von der Milch abnehmen und das Puddingpulver damit glatt rühren. Milch mit Zucker zum Kochen bringen. Vom Herd nehmen, die Nougatmasse hineinbröckeln und unter Rühren auflösen. Das Puddingpulver einrühren und die Masse auf dem Herd noch einmal kurz aufkochen lassen. Die Mandeln in einer beschichteten Pfanne kurz anrösten. Den Pudding in Portionsschalen füllen mit Mandeln bestreuen und auskühlen lassen.
Für die Creme die Sahne mit dem Likör und der Orangenschale kurz aufschlagen, aber nicht zu fest werden lassen. Die Creme zum Nougatpudding servieren.

Grüner Traum mit rotem Klecks
(6 Portionen)

Grüne Creme: 3 reife Avocados, Saft von 1 ½ Zitronen, 2 Becher geschlagene Sahne, 5 Essl. Zucker.
Himbeerpüree: 500 g TK-Himbeeren, Saft einer halben Zitrone, 150 g Zucker, 2 Essl. Stärke, 50 ml Apfelsaft.

Für das Püree die Himbeeren mit Zucker, Zitronensaft und Apfelsaft in einen Topf geben und aufkochen. Stärke mit etwas Wasser verrühren und die Himbeeren damit binden. Abkühlen lassen.
Für die Creme die Avocados waschen, halbieren, entkernen und ausschaben. Das ausgeschabte Fleisch mit Zucker und Zitronensaft in eine kleine Rührschüssel geben und mit einem Passierstab pürieren. Die Sahne unterheben. In eine Schüssel geben und mit der Sauce anreichen.
Tipp: Es kann alles gut vorbereitet werden, nur die Avocado darf erst kurz vor dem Servieren püriert werden. Sie verfärbt sich leicht!

Klassische Mousse au Chocolat
(für 6 Personen)

3 Eiweiß, 3 Eigelb, 250 g Sahne, 200 g Zartbitterschokolade, 40 g Zucker.

Eiweiß sehr steif schlagen und in eine Schüssel geben. Sahne ebenfalls steif schlagen und mit dem Eiweiß vorsichtig vermengen. Schokolade auflösen. Eigelb mit Zucker aufschlagen, bis sich der Zucker vollständig aufgelöst hat. Schokolade unterziehen. Schokoladenmasse mit Sahnemasse vermengen und im Kühlschrank einige Stunden stehen lassen.

Variante: 1 Essl. löslichen Kaffee in 4 cl. Whiskey auflösen und unter die Mousse mengen. Das gibt eine ganz leckere Note!

Eierlikörcreme

4 Eier, 50 g Zucker, 7 Blatt Gelatine, 1/8 l Eierlikör, 250 g Sahne.

Gelatine in Wasser einweichen. Die Eier trennen. Eigelb mit Zucker schaumig rühren.
Eiweiß steif schlagen und Sahne ebenfalls steif schlagen.

Die eingeweichte Gelatine auflösen, mit dem Eierlikör verrühren und sofort zur Eigelbmasse geben. Erst Sahne, dann Eischnee unterheben und erstarren lassen.
Es kann aus einer größeren Schüssel serviert werden oder gleich in Portionsschalen gegeben werden. Zur Dekoration eignen sich Sahnetupfen mit einer Prise Kakaopulver.

Tipp: Diese Creme eignet sich auch zum Füllen eines dunklen Tortenbodens. So wird eine „Eierlikörtorte“ daraus!

Backstube und Keksdose

Apfelplatte

Für den Teig: 200 g Butter, 250 g Zucker, 1 Vanillezucker, 1 Prise Salz, 3 Eier, 2 Tl. Zimt, 350 g Mehl, 2 ½ Tl. Backpulver, 100 g ganze Haselnüsse, 350 g geriebene Äpfel.
Für den Guss: 250 g Puderzucker, 1 Tl. Zimt.

Butter, Zucker, Vanillezucker, Salz und Eier zu einer schaumigen Masse aufschlagen. Mehl mit Zimt und Backpulver mischen, zu der Buttermasse sieben und gut vermischen. Äpfel und Haselnüsse untermengen und die Teigmasse auf ein mit Backpapier ausgelegtes Backblech streichen. Im vorgeheizten Backofen bei 175° (Mitte) 45 Minuten backen und auskühlen lassen.

Für den Guss Puderzucker und Zimt mit etwas Wasser zu einem dicklichen Guss vermischen und auf dem Kuchen verteilen.

Geht schnell, hält Tage frisch!

Lebkuchen-Kirschtorte

125 g Butter, 150 g Zucker, 1 Prise Salz, 150 g Mehl, 1 Tl. Backpulver, 5 Essl. Milch, 1 Essl. Lebkuchengewürz, 1 Glas Kirschen, 30 g Speisestärke, 250 g Quark, 250 g Mascapone, 250 g Sahne, 150 g Zartbitterschokolade.

Butter, 75 g Zucker und Salz schaumig rühren. Nach und nach Eier unterschlagen. Mehl mit Backpulver und Lebkuchengewürz mischen und nach und nach die Milch unterrühren. Eine runde Tortenform mit Backpapier auslegen und den Teig einfüllen. Im vorgeheizten Backofen bei 175° (Mitte) 20 Minuten backen. Anschließend auskühlen lassen.

Die Kirschen abtropfen lassen und den Saft dabei auffangen. Die Stärke mit 3 Essl. Saft glatt rühren. 25 g Zucker mit Kirschsaft aufkochen und mit der Stärke binden. Die Kirschen unterheben und alles auf den Boden streichen. 30 Minuten kühlstellen.

Die Sahne steif schlagen. Quark und Mascapone mit restlichem Zucker vermengen, bis sich der Zucker aufgelöst hat.
Die Sahne unterheben, den Ring lösen und die Torte mit der Creme einstreichen.

Die Schokolade hobeln und die Torte damit bestreuen!

Tauschtipp: Statt Schokolade zu hobeln, fertige Raspelschokolade verwenden!

Schneller Apfelkuchen

1 Tasse Öl, 2 Tassen Zucker, 1 Packung Vanillezucker, 4 Eier, 3 Tassen Mehl, 1 Packung Backpulver, 1 Tasse Mineralwasser mit viel Sprudel, Saft einer halben Zitrone, 1 kg säuerliche Äpfel (z.B. Boskop), Zimt, Puderzucker zum Bestäuben.

Öl mit Zucker, Vanillezucker, Zitronensaft und Eiern schaumig rühren. Mehl mit Backpulver vermischen, zu der Eiermasse sieben und untermengen. Den Teig auf mit Backpapier ausgelegtem Backblech verteilen.
Die Äpfel waschen und schälen. Mit einem Hobel Stifte schneiden, so dass nur noch das Kerngehäuse über bleibt. Die Stifte mit Zimt mischen und auf dem Teig verteilen. Im vorgeheizten Backofen bei 160° (Mitte) 40 Minuten backen.
Geht schnell, lässt sich gut vorbereiten und hält lange frisch!

Tipp: Den Apfelstiften noch je 4 Essl. Mandelblätter und Rosinen zufügen!

Quarkstollen mit Marzipanfüllung

125 g Butter, 2 Eier, 175 g Honig, 200 g Quark, Schale von 1 unbehandelten Zitrone, 100 g gehackte Mandeln, 150 g Rosinen, 30 g Zitronat, 30 g Orangeat, 500 g Mehl, 1 Essl. Backpulver, je 1 Msp. Salz, Kardamom und Muskat, 200 g Marzipanrohmasse. Puderzucker, 40 g flüssige Butter.

Butter mit Eiern und Honig schaumig rühren. Quark, Zitronenschale, Mandeln, Rosinen, Zitronat, Orangeat, Mehl, Backpulver und Gewürze zufügen und gut vermengen. Marzipanrohmasse in 4 dicke Streifen schneiden. Einen Stollen formen, einschneiden, mit Marzipan befüllen und wieder verschließen. Im vorgeheizten Backofen bei 180° (Mitte) 1 Stunde backen. Butter zerlassen und den noch warmen Stollen damit einstreichen. Anschließend mit etwas Puderzucker bestäuben und vor dem Servieren noch etwas frisch aufstäuben.
Dieser Stollen kann sofort nach dem Auskühlen gegessen werden!

Torte nach Sacherart

Boden: 150 g Butter, 150 g Zucker, 6 Eigelb, 150 g Blockschokolade, 6 Eiweiß, 30 g Puderzucker, 150 g Mehl, 1 gestr. Tl. Backpulver.
Füllung: 300 g Aprikosenmarmelade
Guss: 250 g Puderzucker, 40 g Kakao, 50 g Kokosfett, 6 Essl. heißes Wasser.

Blockschokolade auflösen. Für den Boden Butter mit Zucker schaumig rühren. Eigelb nach und nach einrühren. Schokolade untermengen. Eiweiß mit Puderzucker steif schlagen. Mehl mit Backpulver mischen und zum Eiweiß sieben. Beides gut vermengen und Eiweißmasse mit Eigelbmasse vermischen. In eine mit Backpapier ausgelegte Springform geben und bei 185° im vorgeheizten Backofen 45 Minuten backen. Für die Glasur das Fett schmelzen, es darf dabei aber nicht zu heiß werden. Puderzucker mit Kakao durch ein Sieb streichen und mit Wasser und Kokosfett vermischen. Den Boden einmal durchschneiden und mit Marmelade füllen. Den Deckel auflegen und mit Glasur bestreichen. Gut vorzubereiten und hält Tage frisch!

Sahnebutterkuchen

Für den Teig: 1 Becher Sahne, 1 Becher Zucker, 2 Becher Mehl, 3 Eier, 1 Packung Backpulver, 1 Prise Salz.
Für den Belag: 125 g Butter, 100 g gehobelte Mandeln, 1 Packung Vanillezucker, 4 Essl. Milch.

Für den Teig Sahne, Zucker, Mehl, Eier, Backpulver und Salz gut verquirlen. Den Teig auf ein mit Backpapier ausgelegtes Backblech füllen und im vorgeheizten Backofen bei 200° 15 Minuten backen. In der Zwischenzeit in einem Topf Butter, Mandeln, Zucker, Vanillezucker und Milch erwärmen und gut verrühren. Den Belag auf den Teig streichen und noch weitere 10 Minuten backen.

Der Kuchen ist sehr gut vorzubereiten und hält lange frisch!

Mandelhörnchen

200 g Marzipanrohmasse, 2 Eiweiß, 100 g Puderzucker, 1 Packung Vanillezucker, 60 g Weizenmehl.
50 g gehobelte Mandeln, 100 g dunkle Kuvertüre.

Marzipan und Eiweiß mit einem elektrischen Handrührgerät mit dem Rührbesen zu einer geschmeidigen Masse verrühren. Nach und nach Puderzucker, Vanillezucker und anschließend Mehl zufügen. Mit einem Esslöffel vom Teig immer etwas Masse abstechen und Hörnchen formen. Alle Hörnchen auf ein mit Backpapier ausgelegtes Backblech setzen und mit Mandeln bestreuen.

Im vorgeheizten Backofen bei 190° (Mitte) 15 Minuten backen.

Kuvertüre schmelzen und jeweils die Enden der Hörnchen damit einpinseln.

Erdbeerplatte

Für den Teig: 200 g Butter, 8 Eier, 300 g Zucker, 350 g Mehl, 1 Packung Backpulver, 100 g Sahne, 600 g TK-Erdbeeren.
Für den Belag: 250 g Butter, 250 g Zucker, 75 g Mehl, 350 g gestiftete Mandeln.

Butter in einem Topf zerlassen, aber nicht zu heiß werden lassen! Eier und Zucker mit der lauwarmen Butter schaumig rühren. Mehl und Backpulver vermischen und dazusieben. Sahne nach und nach zufügen. Ein Backblech mit Backpapier auslegen und den Teig einfüllen. Die Erdbeeren auf dem Blech verteilen. Im vorgeheizten Backofen bei 190° (Mitte) 35 Minuten hellgelb backen. In der Zwischenzeit für den Belag Butter mit Zucker, Mehl und Mandeln in einem Topf kurz aufkochen und auf den Kuchen streichen. Anschließend weitere 15 Minuten backen.

Gut vorzubereiten, hält lange frisch!

Tipp: Zu große Früchte etwas zerteilen!

Zimtschneeflocken

250 g Butter, 100 g Puderzucker, 2 Päckchen Vanillezucker, 250 g Mondamin, 100 g Mehl, ½ Tl. Zimt.

Die Butter auf Zimmertemperatur bringen und in einer Rührschüssel zusammen mit Puderzucker und Vanillezucker schaumig aufschlagen. Mondamin mit Mehl und Zimt vermischen und zu der Buttermischung sieben. Alles zu einer geschmeidigen Masse verkneten.

Kugeln formen und auf mit Backpapier ausgelegte Backbleche verteilen. Mit einer Gabel flach drücken. Im vorgeheizten Backofen bei 170° (Mitte) 11 Minuten backen.

Haferflockenkleckse

100 g zarte Haferflocken, 75 g Butter, 1 Ei, 125 g Zucker, 1 Tl. Backpulver, 1 Essl. Mehl, 4 Essl. Rosinen, 4 Essl. gehackte Walnüsse.

Butter in einer Pfanne zerlassen, Haferflocken und Nüsse zugeben, gut vermischen und leicht bräunen. Alles abkühlen lassen. Das Ei trennen und das Eiweiß steif schlagen. Eigelb, Zucker, Mehl und Backpulver mit der Haferflockenmischung gut vermengen. Das Eiweiß unterheben. Backbleche mit Backpapier auslegen und mit einem Teelöffel kleine Haufen auf die Bleche setzen. Achtung: Nicht zu dicht beieinander, denn die Kekse laufen flach auseinander!
Im vorgeheizten Backofen bei 175° (Mitte) 10 Minuten backen.

Varianten: -ohne Nüsse und Rosinen
-statt der Walnüsse gehackte Haselnüsse verwenden.

Marzipanmännchen

250 g Marzipanrohmasse, 90 g Puderzucker, 2 Essl. Mehl, 1 Eiweiß, 100 g ganze Mandeln, 1 Eigelb.

Marzipanmasse in eine Schüssel bröckeln und mit Puderzucker, Mehl und Eiweiß zu einer glatten Masse kneten. 1 Stunde in den Kühlschrank stellen. Mit den Händen kleine Kugeln formen, mit Eigelb bepinseln und in jede Kugel mehrere Mandeln stecken.
Die Männchen auf ein mit Backpapier ausgelegtes Backblech setzen und bei 160° (unten) im vorgeheizten Backofen 30 Minuten backen.

Nussecken

Teig: 375 g Mehl, 2 gestrichene Tl. Backpulver, 150 g Zucker, 1 Packung Vanillezucker, 1 Ei, 200 g Butter.
Belag: ca. 200 g Marmelade nach Wahl, 200 g Butter, 200 g Zucker, 2 Packung Vanillezucker, 2 Essl. Wasser, 400 g Haselnüsse gehackt.
Glasur: 150 g Halbbitterschokolade.

Für den Teig Mehl, Backpulver, Zucker, Vanillezucker, Ei und Butter zu einem glatten Teig verkneten. Im Kühlschrank 1 ½ Stunden ruhen lassen.
Den Teig auf einem mit Backpapier ausgelegten Backblech dünn ausrollen. Die Marmelade dünn auf den Teig streichen. Für den Belag in einem kleinen Topf Butter, Zucker, Vanillezucker Wasser und Nüsse zusammen aufkochen und auf dem Blech verteilen. Im vorgeheizten Backofen bei 175° (Mitte) 25 Minuten backen. Alles abkühlen lassen und vorsichtig in Quadrate schneiden. Die Quadrate dann diagonal durchschneiden und mit einer Ecke in die geschmolzene Schokolade tauchen.

Haferflockenberge

2 Tl. Vanilla, 2 Päckchen Vanillezucker, 150 g weiche Butter, 75 g Schweineschmalz, 225 g Zucker, 2 Eiweiß, 400 g kernige Haferflocken, 100 g zarte Haferflocken, 250 g Halbbitterkuvertüre, 75 g Kokosfett, 50-60 ganze Mandeln.

Vanilla mit Butter, Schmalz und Zucker schaumig rühren. Haferflocken zugeben und untermengen. Eiweiß steif schlagen, unterheben und zu einer festen Masse verkneten. Mit einem Löffel kleine Haufen auf mit Backpapier ausgelegte Backbleche setzen. In jeden Berg eine Mandel stecken. Im vorgeheizten Backofen bei 175° (Mitte) 20 Minuten backen.
Die Kuvertüre mit dem Kokosfett zusammen schmelzen und gut verrühren.
Die ausgekühlten Berge mit der unteren Seite in die Schokoladenmasse tauchen, wieder auf das Backblech setzen und aushärten lassen.

Tipp: Beim Einstapeln in eine Dose oder ähnliches Behältnis etwas Butterbrotpapier zwischen die Lagen geben!

Zimtbaiserflocken

4 Eiweiß, 200 g Puderzucker, 1 Tl. Zimt.

Das Eiweiß steif schlagen, den Zucker einrieseln lassen und den Zimt zufügen.
Der Zucker muss vollständig aufgelöst sein.

Den Zimtschnee in einen Spritzbeutel füllen und kleine Haufen auf ein mit Backpapier ausgelegtes Backblech spritzen.

Im vorgeheizten Backofen bei 120° (Mitte) ca. 90 Minuten trocknen lassen.

Tipp: Die Zimtbaiserflocken sind eine tolle Sache, um ein „zimtiges" Weihnachtseis zu dekorieren!

Nougat-Heidesand

125 g Butter, 2 Vanillezucker, 200 g Mehl, 100 g fein gemahlene Walnüsse, 200 g schnittfester Nougat, 1 verquirltes Eigelb, 100 g gehackte Kürbiskerne.

Die Butter schmelzen, leicht bräunen und auskühlen lassen. Butter, Zucker und Vanillezucker cremig rühren. Mehl und Walnüsse untermengen. Ca. 15 Minuten in den Kühlschrank stellen. Den Teig in vier Teile teilen und Rollen daraus formen. Leicht einschneiden. Den Nougat in dicke Streifen schneiden, in die Teigrolle legen und den Teig darum herum arbeiten. Die Rollen mit Eigelb bepinseln und in den gehackten Kürbiskernen wälzen. Die Rollen ca. ½ Stunde in den Kühlschrank legen. Die Teigrollen in 1 - 1,5 cm dicke Scheiben schneiden und auf ein mit Backpapier ausgelegtes Backblech legen. Im vorgeheizten Backofen bei 200° (Mitte) 15 Minuten backen. Gut auskühlen lassen!

Mürbeteigplätzchen mit Verzierung

Für den Teig: 250 g Mehl, 1 Msp. Backpulver, 65 g Zucker, 1 Prise Salz, 125 g Margarine, 1 Ei, 1 Eigelb.
Glasur: 250 g Puderzucker, 1 Eiweiß, 1 Essl. Zitronensaft.
Zum Verzieren: Speisefarbe, bunte Zuckerperlen, Schokolinsen, Rosinen.

Mehl und Backpulver in einer Schüssel vermischen. Zucker, Eigelb, Ei, Salz und Margarine dazugeben und zu einem glatten Teig verkneten. ½ Stunde im Kühlschrank ruhen lassen.
Den Teig auf einer bemehlten Arbeitsfläche ausrollen. Plätzchen ausstechen und auf ein mit Backpapier ausgelegtes Backblech legen. Im vorgeheizten Backofen bei 225° (Mitte) 9 Minuten backen und abkühlen lassen.
Für die Glasur Puderzucker, Zitronensaft mit Eiweiß vermischen, evtl. die Masse teilen und einen Teil mit Speisefarbe mischen. Die Kekse mit der Glasur bestreichen und mit Zuckerperlen, Schokolinsen und Rosinen dekorieren.

Vanillekipferln

200 g Mehl, 100 g Zucker, 1 Prise Salz, 2 Vanilleschoten, 100 g gemahlene Mandeln, 175 g Butter, 1 Ei, 3 Essl. Vanilla.

Die Vanilleschoten aufschlitzen und das Mark auskratzen. Mehl, Zucker, Salz, ausgekratztes Vanillemark, gemahlene Mandeln, Butter und das Ei in eine Rührschüssel geben und zu einem glatten Teig verarbeiten. 1 Stunde in den Kühlschrank stellen.

Aus dem Teig Rollen formen, Scheiben abschneiden und diese zu Hörnchen formen. Auf ein mit Backpapier ausgelegtes Backblech legen und im vorgeheizten Backofen bei 180° (Mitte) 15 Minuten backen. Noch warm mit Vanilla bestäuben.

Schokoladenherzen

Für den Teig: 150 g Mehl, ¼ Tl. Backpulver, 1 Eigelb, 100 g Butter, ½ Tl. Kardamom, 4 Tropfen Bittermandelöl, 50 g Raspelschokolade.
Für die Creme: 60 ml Sahne, ½ Tl. Zimt, 100 g Schokolade, 100 g Kuvertüre, Zimt.

Die Kuvertüre schmelzen, auf ein Stück Backpapier streichen und Herzen ausstechen. Für den Teig Mehl, Backpulver, Eigelb, Butter, Kardamom, Bittermandelöl und Raspelschokolade miteinander zu einem glatten Teig verkneten und 1 Stunde ruhen lassen. Den Teig ausrollen und Herzen ausstechen. Auf ein mit Backpapier ausgelegtes Backblech legen und im vorgeheizten Backofen bei 160° (Mitte) 15 Minuten backen. Für die Creme Sahne, Zimt und Schokolade in einem Topf schmelzen und unter Rühren leicht abkühlen lassen. Auf die noch warmen Herzen geben und darauf ein Schokoladenherz setzen. Mit Zimt bestreuen.

Tipp: Ein Geschenk, das von „Herzen“ kommt!

Omas Schmalzgebäck

375 g Mehl, 250 g Zucker, 250 g Schweineschmalz, 1 gestrichener Tl. Natron.

Mehl mit Natron vermischen. Zucker mit weichem Schmalz vermengen, Mehlmischung dazusieben und gut verkneten. ½ Stunde ruhen lassen. Kugeln formen, mit der Hand wieder etwas flach drücken und auf ein mit Backpapier ausgelegtes Backblech legen. Nicht zu dicht zusammen- legen.
Im vorgeheizten Backofen bei 150° (Mitte) 25 Minuten backen. Gut auskühlen lassen!

Variante: Für dunkles Gebäck 1 gehäuften Essl. Kakao zur Mehlmischung geben! Auch lecker!

Spritzgebäck

100 g Butter, 60 g Puderzucker, 1 Tl. Vanillezucker, 3 Eigelb, 150 g Mehl, 30 g Speisestärke.

Butter und Puderzucker schaumig rühren. Vanillezucker und Eigelb nach und nach unterrühren. Mehl und Speisestärke vermischen, sieben, zum Buttergemisch geben und untermengen.

Die Masse in einen Spritzbeutel geben und 5 cm lange Streifen auf ein mit Backpapier ausgelegtes Backblech geben. Im vorgeheizten Backofen bei 200° (Mitte) 13 Minuten backen.

Tipp: Gut auskühlen lassen, denn wenn das Gebäck zu warm ist und dann bewegt wird bricht es leicht auseinander!

Kokosberge

4 Eiweiß, 200 g Zucker, 200 g Kokosraspel, 2 Tropfen Bittermandelöl, 1 Tl. Vanilla.

Das Eiweiß zu einem sehr steifen Schnee schlagen.

Zucker mit Vanilla und Kokosraspeln vermischen und mit dem Bittermandelöl unter den Eischnee heben.

Mit einem Löffel kleine Häufchen auf ein mit Backpapier ausgelegtes Backblech setzen.

Im vorgeheizten Backofen bei 150° (Mitte) 25 Minuten backen.

Die Bar zum Verwöhnen

Espressozauber

100 ml Milch, 4 Essl. starker Espresso, 150 g Sahne, 8 cl. Amaretto, 3 Tl. Schokoladensirup, einige Eiswürfel. Kakaopulver.

Die Milch mit dem Espresso verrühren. Kaffeemilch, Sahne und Amaretto mit Eis in einen Mixer geben und kurz aufmixen. In Gläser abfüllen und mit einer Prise Kakao bestreut anreichen.

Tipp: Wenn ein Shaker vorhanden ist, kann auch dieser zum Aufmischen verwendet werden! Wenn ein Rezept mehrfach zubereitet werden soll, kann in einem Mixer allerdings eine größere Menge auf einmal hergestellt werden!

Sektcocktail (8 Personen)

8 cl weißer Rum, 8 cl Orangenlikör, 1 Flasche Sekt (halbtrocken), 2 Apfelsinen, etwas Zimt.

Die Apfelsinen schälen, filetieren und in kleine Stücke schneiden. Den austretenden Saft dabei auffangen. Die so vorbereiteten Apfelsinen kühl stellen. Die Apfelsinenstücke mit dem eigenen Saft auf 8 Gläser verteilen und in jedes Glas jeweils 1 cl Rum und Orangenlikör mit einer Prise Zimt geben, vermischen und kurz vor dem Servieren mit Sekt aufgießen!

Eiercognac

400 ml Sahne, 400 g Puderzucker, Mark einer Vanillestange, 8 Eigelb, 700 ml Cognac.

Die Sahne aufkochen und auskühlen lassen.

Puderzucker, Vanille und Eigelb schaumig rühren.

Cognac und abgekühlte Sahne unter ständigem Rühren nach und nach zufügen.

Im Kühlschrank aufbewahren!

Mokkalikör

½ Flasche Korn, 125 g Zucker, 2 Packungen Vanillezucker, 4 Essl. Pulverkaffee.

Die Hälfte der Kornmenge in einen kleinen Topf geben und den Kaffee unter kleiner Hitzezufuhr darin auflösen. Zucker ebenfalls zugeben und auflösen.

Auskühlen lassen und mit restlichem Korn und Vanillezucker aufschlagen. In eine Flasche abfüllen und vor dem ersten Genuss einen Tag ruhen lassen.

Tipp: „Kühlschrankkalt" serviert schmeckt der Likör am Besten!

Eierlikör

5 Eigelb, 5 Essl. Zucker, 2 Tl. Vanilla, 1/8 l Korn,
1 kleine Dose Kondensmilch (10% Fett).

Eigelb mit Zucker, Vanilla und Kondensmilch aufschlagen, bis sich der Zucker vollständig aufgelöst hat.

Korn zufügen und in eine Flasche abfüllen.

Gut durchgekühlt servieren!

Likör nach Baileys-Art

250 ml Sahne, 150 ml Whiskey, 100 ml Milch, 2 Essl. Vanillepuddingpulver ohne Kochen, 3 Essl. Zucker, 1 Essl. Instantkaffee, 1 Essl. Kakao.

Milch mit Puddingpulver, Zucker, Instantkaffee und Kakao mischen, bis alles gut aufgelöst ist.

Sahne und Whiskey zugeben und gut vermischen.

Gut gekühlt anreichen!

Herbe Bowle mit Pfiff

1 Flasche Wodka, 3 Flaschen Bitter Lemon, 2 Gläser Schattenmorellen mit Saft, 500 ml Vanilleeis in Kugeln. Etwas Zimt.

Von ½ Glas Kirschen jeweils 1 Kirsche in eine Eiswürfelform geben und mit dem Saft auffüllen, gefrieren lassen.

Die restlichen Schattenmorellen mit Wodka und Bitter -Lemon mischen und 1 Stunde durchziehen lassen. Alles zusammen mit den Eiswürfeln in eine Glasschüssel geben und kurz vor dem Servieren das Vanilleeis zugeben. Mit Zimt bestreut anreichen.

Nutellaflip

200 ml Sahne, 100 ml brauner Rum, 200 ml Vollmilch, 5 Essl. Nutella.

Für die Verarbeitung ist es wichtig, dass zuvor alle Zutaten die Raumtemperatur angenommen haben!

Milch mit Nutella aufschlagen, bis sich die Nougatcreme vollständig aufgelöst hat. Sahne und Rum zugeben und alles gut durchkühlen.

Tipp: Die Gläser, in denen serviert werden soll, mit dem Rand nur kurz in Wasser dippen (Es darf kein Tropfen daran hängen bleiben). Anschließend in echten Kakao dippen und den Flip darin servieren.

Sahneamaretto

16 cl Amaretto, 4 Essl. Kirschsaft mit jeweils mindestens einer Kirsche, 8 kleine Essl. geschlagene Sahne.

Den Amaretto mit dem Kirschsaft und den Kirschen in einen kleinen Topf geben und leicht erhitzen. Er darf nicht zu heiß werden!

In Gläser abfüllen und darauf achten, dass in jedem Glas mindestens 1 Kirsche ist. Auf jedes Glas 2 Essl. geschlagene Sahne setzen und sofort servieren!

Lecker!

Konfektkiste

Mokkapralinen

125 g süße Sahne, 250 g Halbbitterkonfitüre, 2 Tl. löslicher Kaffee, 4 flache Essl. Puderzucker, Kakao zum Bestäuben, Mokkabohnen zum Verzieren, Pralinenförmchen.

Kuvertüre mit Sahne zusammen in einen Topf geben. Unter Rühren erhitzen und auflösen. Kaffeepulver und Puderzucker zufügen, gut vermischen und die Creme im Kühlschrank auskühlen lassen.
In einer Rührschüssel die ausgekühlte Creme mit einem Handmixer gut aufschlagen. Die Masse in einen Spritzbeutel mit Sterntülle geben und in kleine Pralinenförmchen spritzen. Auf jede Form eine Mokkabohne setzen und mit Kakao bestäuben.

Weiße Rumkugeln

80 g Butter, 2 Essl. Schlagsahne, 200 g weiße Schokolade, 12 Löffelbisquits, 8 Essl. brauner Rum, 8 Essl. gehackte Mandeln, 100 g gemahlene Mandeln.

Die Butter in einem kleinen Topf zusammen mit der Sahne schmelzen. Vom Herd nehmen und etwas abkühlen lassen. In die handwarme Flüssigkeit die Schokolade bröckeln. Bei kleiner Hitze unter ständigem Rühren auflösen. Nicht zu heiß werden lassen, da die Schokolade sonst gerinnt!
Die Löffelbisquits zerbröckeln und mit dem Rum gut vermischen. Die Mandeln in einer beschichteten Pfanne leicht anrösten und auskühlen lassen. Bisquitmasse, gehackte Mandeln und Schokoladenmasse mit einem Schneebesen gut aufschlagen und alles im Kühlschrank eine Stunde kühlstellen. Mit einem Teelöffel von der Masse etwas abstechen und Kugeln formen. Anschließend in den gemahlenen Mandeln wälzen.

Nussbruch

150 g Haselnüsse, 150 g Walnüsse, 150 g ganze Mandeln, 550 g Vollmilch-Schokolade, 45 g Kokosfett, 6 Essl. Rosinen.

Die Mandeln mit kochend heißen Wasser übergießen und 10 Minuten darin einweichen. Das Wasser abgießen und die Schale von den Mandeln abziehen. Haselnüsse und Walnüsse in einer Pfanne leicht rösten und abkühlen lassen. Die Walnüsse in kleinere Stücke zerbröckeln. In einem Topf die Schokolade mit dem Fett schmelzen. Ein Backblech mit Backpapier auslegen. Die Schokolade mit Nüssen und Rosinen vermischen, die Masse auf dem Backblech verteilen und auskühlen lassen. Anschließend in kleine Stücke brechen.

Knetkartoffeln

600 g Marzipanrohmasse, 2 Flaschen Bittermandelöl, 100 g Puderzucker, echtes Kakaopulver.

Die Marzipanrohmasse zerbröckeln und mit Bittermandelöl und Puderzucker in eine Schüssel geben. Mit den Händen langsam eine glatte und geschmeidige Masse kneten.
Eine Stunde bei Zimmertemperatur ruhen lassen.
Mit einem Teelöffel von der Marzipanmasse jeweils etwas abstechen und Kugeln formen. In dem Kakaopulver wälzen.

Gut abgedeckt aufbewahren!

Schokocrossies extra

150 g Cornflakes, 150 g Honigsmacks, 100 g gehackte Mandeln, 300 g Vollmilchschokolade, 30 g Kokosfett.

Die Mandeln in einer beschichteten Pfanne leicht rösten und auskühlen lassen. Die Schokolade im Wasserbad mit dem Fett zusammen schmelzen und gut durchrühren.

Cornflakes, Honigsmacks und Mandeln in eine Schüssel geben. Die aufgelöste Schokoladenmasse zugeben und alles gut vermischen.

2 Backbleche mit Backpapier auslegen und mit einem Löffel kleine Häufchen auf die Bleche setzen. Auskühlen lassen. In einem verschlossenen Behältnis aufbewahren.

Tipp: Geht schnell und ist ein leckeres Mitbringsel!

Amaretto-Pralinen

600 g Marzipanrohmasse, 200 g Puderzucker,
6 cl Amaretto, 300 g Halbbitterkuvertüre, Zucker.

Die Marzipanrohmasse zerbröckeln und mit dem Puderzucker und Amaretto zu einer geschmeidigen, aber nicht allzu klebrigen Masse verkneten. ½ Stunde ruhen lassen.

Die Kuvertüre im Wasserbad schmelzen. Aus der Marzipanmasse Kugeln formen. Die Kugeln in die Schokolade tauchen. Dabei können kleine Holzstäbchen Zuhilfe genommen werden.

Zucker auf ein mit Backpapier ausgelegtes Backblech streuen, die fertigen Kugeln darauf ablegen und aushärten lassen.

Tipp: Wenn man Kinder diese Leckerei ebenfalls genießen lassen möchte, kann man den Amaretto in einem kleinen Topf erhitzen. Der Amaretto lässt sich nach dem Auskühlen dem Rezept entsprechend weiterverarbeiten. So entweicht der Alkohol!

Sahnekaramellen

200 g Sahne, 5 Essl. Honig, 200 g Zucker, 6 Essl. Amaretto, 100 g gehackte Mandeln, 100 g Haselnusskrokant, 30 g Butter, Öl für die Verarbeitung. Zellophanpapier.

Sahne, Honig und Zucker aufkochen. Den Amaretto, Mandeln und Krokant zufügen. Unter ständigem Rühren ca. 30 Minuten köcheln lassen, bis sich eine zähflüssige, leicht bräunliche Masse ergibt. Einen kleinen Teller in den Kühlschrank stellen, etwas von der Karamellmasse auf den Teller geben und im Kühlschrank abkühlen lassen. Wenn die Masse fest wird, ist der Kochvorgang beendet, ansonsten muss er noch verlängert werden. Ein flaches Tablett oder Ähnliches mit Backpapier auslegen und die Masse darauf streichen. ½ Tag im Kühlschrank fest werden lassen. Dann mit einem geölten Messer Würfel schneiden und in Zellophanpapier einwickeln.

Gebrannte Mandeln

200 g Zucker, 1 Tl. Zimt, 3 Essl. Wasser, 250 g ganze Mandeln.

Zucker, Wasser und Zimt in einer beschichteten Pfanne köcheln lassen, bis sich kleine Ziehfäden bilden.
Die ganzen Mandeln hineingeben und alles mit einem Kochlöffel beständig rühren, bis der Zucker in die Mandeln einzuziehen beginnt.

Ein Backblech mit Backpapier auslegen und die Mandeln dünn, am Besten einzeln, zum Auskühlen darauf verteilen. Sie geben dabei knackende Geräusche von sich.

Tipp: Nicht zu große Mengen auf einmal zubereiten, denn frisch schmecken die Mandeln am Besten!

Schnelle Splitter

100 g Halbbitterschokolade, 100 g Butter, 1 Essl. Puderzucker, 200 g Mandelstifte.

Die Mandelstifte in einer beschichteten Pfanne leicht rösten. Die Schokolade zusammen mit der Butter schmelzen und den Puderzucker zugeben.

Die Mandelstifte einrühren und mit einem Teelöffel kleine Häufchen auf ein mit Backpapier ausgelegtes Backblech setzen. Auskühlen lassen und trocken und luftdicht verwahren!

Variante: Statt Halbbitterschokolade Vollmilchschokolade verwenden!

Schokoladentrüffel

75 g Kakaopulver, 150 g Puderzucker, 150 g Weichkäse, 150 g gehackte Mandeln, Schokoladenstreusel.

Weichkäse in einer Schüssel zerbröckeln. Kakaopulver, Puderzucker und Mandeln zugeben und alles zu einer geschmeidigen Masse verkneten. ½ Stunde im Kühlschrank ruhen lassen.
Mit einem Teelöffel kleine Nocken abstechen und Kugeln formen. Schokoladenstreusel in eine kleine Schale geben und die Trüffel darin wälzen. Dann in kleine Papierförmchen setzen. Die fertigen Trüffel gut verschlossen im Kühlschrank aufbewahren.

Nusskrokant

500 g gemischte Nüsse (Pistazien, Erdnüsse, Mandeln, Cashewkerne, Haselnüsse, Walnüsse), 500 g Zucker.

Die Nüsse in einer beschichteten Pfanne leicht anrösten. Bei einer Tortenform zwischen Boden und Tortenring ein Stück Backpapier einklemmen, den Rand leicht einfetten und die Nüsse darin verteilen.

Den Zucker in einem Topf zum Schmelzen bringen und leicht karamellisieren lassen. Er darf aber auf keinen Fall zu braun werden.

Den flüssigen Zucker über die Nüsse gießen und erkalten lassen. Nach dem Erkalten kann der Krokant in mundgerechte Stücke gebrochen werden.

Haferflocken-Konfekt

150 g Butter, 150 g Haferflocken, 250 g Puderzucker, 150 ml Amaretto, 70 g Kakao, Schokoladenstreusel zum Wälzen.

Die Butter in einer Pfanne schmelzen und leicht bräunen. Die Haferflocken dazugeben und gut verrühren.
In einer Schüssel Puderzucker und Amaretto zugeben und dann alles auch gut mit Kakao vermengen.

Kugeln formen und in Schokoladenstreuseln wälzen. Kühl aufbewahren!

Tipp: Statt Amaretto Rum verwenden!
Auch lecker!

<u>Rudolph the Red-Nosed Reindeer</u>

You know Dasher and Dancer
And Prancer and Vixen
Comet and Cupid
And Donner and Blitzen
But do you recall
The most famous reindeer of all?

Rudolph the Red-Nosed Reindeer
Had a very shiny nose
And if you ever saw it
You would even say it glows.

All of the other reindeers
Used to laugh and call him names
They never let poor Rudolph
Join in any reindeer games.
Then one foggy Christmas Eve
Santa came to say:
Rudolph with your nose so bright
Won´t you guide my sleigh tonight.
Then how the reindeer loved him
As they shouted out with glee:
Rudolph the Red-Nosed Reindeer
You´ll go down in history!

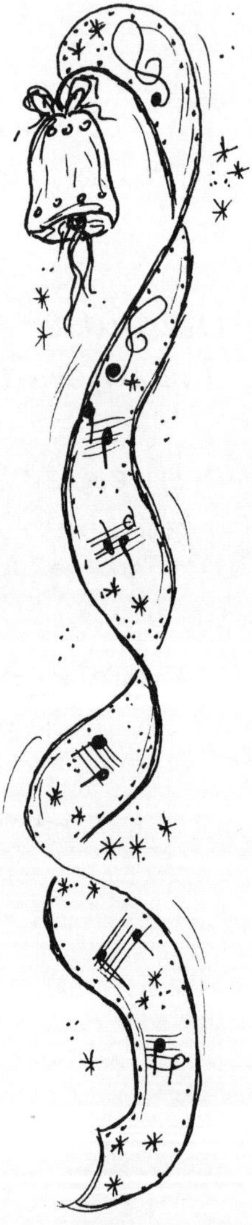

Anderen Ländern in die Küche geschaut

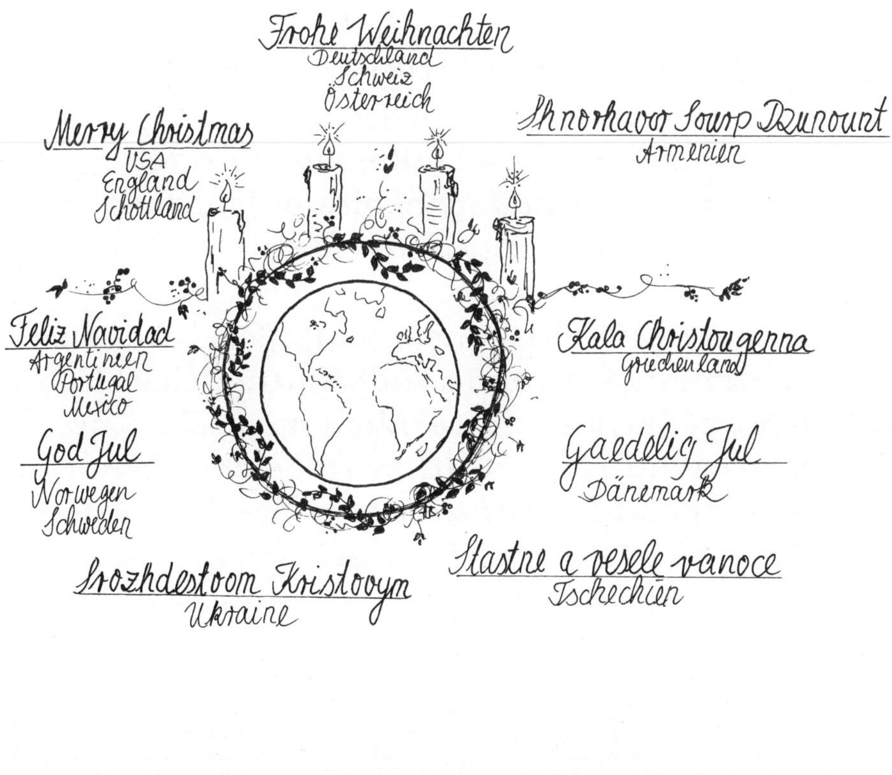

Weihnachtszeit in Amerika

In den USA wird Weihnachten wie in England am 25.12. gefeiert. Die Kinder erhalten auch hier erst am Weihnachtsmorgen ihre Geschenke, die in Strümpfe gesteckt werden. Die „großen“ Geschenke liegen unter dem Weihnachtsbaum. Auch in den USA steigt der Weihnachtsmann in der Heiligen Nacht durch den Schornstein in das Haus.
Am Nachmittag versammelt sich dann die ganze Familie zum „Christmas-dinner“, das oft sehr üppig ausfällt und meistens bis spät in den Abend andauert. Seinen Abschluss findet es oft in einem Dessert aus Schokoladenpudding mit Vanilleeis und Kaffee.

Allerdings ist es bei einem so großen Land wie Amerika, das ja von Menschen aus aller Welt geprägt wird, nicht wirklich möglich, eine allgemein gültige Tradition zu beschreiben. Die verschiedenen Einwanderergruppen haben sich alle einen Teil ihrer heimischen Gebräuche bewahrt. Die beschriebene Tradition ist die der anglo-amerikanischen Bevölkerung, die die größte Gruppe in den USA bilden.

Kräuterwürze für Geflügel

2 Essl. Senfpulver, 2 Tl. getrockneter Salbei, 1 Tl. Knoblauchpulver, 1 Tl. getrockneter Majoran, 1 Tl. getrockneter Thymian, 1 Tl. Paprikapulver, 1 Tl. Salz, 1 Tl. gemahlener schwarzer Pfeffer, ½ Tl. Muskat.

Alle Zutaten gut mischen. Das zu würzende Geflügel waschen und trockentupfen. Mit etwas Olivenöl überall gründlich einreiben und dann die Gewürzmischung gleichmäßig darüber streuen.

Tipp: In Amerika wird traditionell sehr viel Geflügel gegessen. Diese Mischung eignet sich sehr gut zum Würzen für Puter und Hähnchen.

Knoblauch-Birnen-Püree

6 reife aromatische Birnen, 4 Knoblauchzehen, 1 Tasse trockener Weißwein, 3 Essl. brauner Zucker, ¼ Tasse Olivenöl, 1 Essl. Zitronensaft, 1 Tl. frisch gehackter Rosmarin, Salz und Pfeffer.

Die Birnen schälen, entkernen und in Würfel schneiden. Den Knoblauch abziehen und fein hacken. Birnen und Knoblauch mit dem Zucker und dem Wein mischen. In einem Topf zum Köcheln bringen und unter Rühren langsam einkochen lassen, bis die Birnen weich sind und zerfallen.
Alles in einem Mixer pürieren und dabei das Olivenöl in einem dünnen Strahl zugeben. Das Püree mit dem Zitronensaft, Rosmarin, Pfeffer und Salz abschmecken und abkühlen lassen. Kühl aufbewahren.

Tipp: Passt hervorragend zu gebratenem Puter oder auch zu Gänse- und Entenbraten!

Gebackener Weihnachtsschinken
(Virginia-Art)

1 ganzen geräucherten Schinken (ungekocht) von etwa 4-6 kg, 6 Essl. Ahornsirup, Wasser.

Den Schinken in kaltes Wasser legen und ganz bedeckt 24 Stunden wässern. Alle 4 Stunden das Wasser wechseln und dabei jedes Mal mit einer Gemüsebürste den Schinken rundum gründlich abbürsten.

Den Schinken nach der vorhergehenden Prozedur in einen Römertopf legen, mit kaltem Wasser bedecken und bei etwa 180° im vorgeheizten Backofen zum Köcheln bringen. 10 Minuten köcheln lassen. Dann die Flüssigkeit abgießen, neues kaltes Wasser über den Schinken gießen, zum Kochen bringen und 3 ½ bis 4 Stunden bei etwa 140° leicht köcheln lassen. Den Römertopf aus dem Ofen nehmen und den Schinken in der Flüssigkeit soweit abkühlen lassen, dass man ihn gut anfassen kann.

Den Schinken abgießen und vorsichtig von Haut und Fett befreien, auf ein Blech legen und mit Sirup bestreichen. Im vorgeheizten Backofen bei 200° (Mitte) backen, bis er goldbraun ist. Aus dem Ofen nehmen, in Alufolie einwickeln und etwa 15 Minuten ruhen lassen. In Scheiben schneiden und servieren.

Tipp: Die „Reste“ schmecken ganz wunderbar als Aufschnitt auf dunklem Brot!

Gebackenes Popcorn

1 Tasse Butter, 2 Tassen braunen Zucker, ½ Tasse Maissirup, 1 Tl. Salz, ½ Tl. Natron, 1 Tl. Vanilleextrakt (ersatzweise Mark einer Vanilleschote), 5 l fertiges Popcorn.

Butter in einem Topf schmelzen lassen. Zucker, Sirup und Salz unter Rühren dazugeben. Unter ständigem Rühren zum Kochen bringen. 5 Minuten ohne Rühren leicht köcheln lassen. Vom Herd nehmen und Natron und Vanille unterrühren. Die Mischung über das Popcorn gießen, dabei das Popcorn mit einem Holzlöffel ständig rühren. Das Popcorn auf mit Backpapier ausgelegte Backbleche füllen. Diese höchstens halb voll füllen. Im vorgeheizten Backofen bei 110° (Mitte) Umluft etwa 1 Stunde backen. Dabei alle 15 Minuten gut umrühren. Aus dem Ofen nehmen, abkühlen lassen und dann in Stücke brechen. In gut verschließbaren Behältern aufbewahren.

Amerikanische Adventskränze

85 g Butter, 170 g Marshmallows, 4 Tropfen Vanillearoma, 1 Tl. grüne Lebensmittelfarbe, 115 g Cornflakes, kandierte Kirschen und Zuckerperlen für die Garnitur.

Butter bei kleiner Hitze schmelzen lassen. Die Marshmallows dazugeben und unter Rühren schmelzen. Topf vom Herd nehmen und Vanillearoma und Lebensmittelfarbe unterrühren. Dann die Cornflakes unterheben. Mit einem Löffel kleine Kleckse auf ein mit Backpapier ausgelegtes Backblech geben, etwas flach drücken und in die Mitte ein Loch machen. Vor dem „Festwerden" mit Kirschen und Zuckerperlen verzieren.

Tipp: Marshmallows gibt es auch bei uns im gut sortierten Einzelhandel!

In Argentinien

Die Häuser in Argentinien werden zur Weihnachtszeit mit Girlanden aus weißem und rotem Papier und bunten Lichterketten geschmückt. Die ganze Familie trifft sich zum Kirchgang am Heiligen Abend. Danach findet in der Regel eine Art Grillfest statt, da der Dezember in diesem Land sehr heiß ist. Serviert werden gegrillte Fleischspezialitäten, Gemüse und Pasteten. Um Mitternacht wird mit einer Art Bowle aus Apfelwein und Obst angestoßen.

Nach dem Dunkelwerden wird oft ein Feuerwerk entzündet. Die Geschenke gibt es erst kurz vor dem Schlafengehen!

Danke an Nancy Duske für ihre Unterstützung!

Grillgemüse

Pro Person: 1 Maiskolben, 1 große Kartoffel, 1 Fleischtomate, 1 Gemüsezwiebel. Butter, Salz, frischer Pfeffer.

Die Maiskolben und Kartoffeln getrennt in reichlich Salzwasser vorgaren. Den Mais etwa 5 Minuten, die Kartoffeln etwa 10 Minuten garen. Die Tomate am Stielansatz kreuzförmig einschneiden. Die Zwiebel abziehen und halbieren. Alles Gemüse getrennt auf ein großzügig bemessenes Stück Alufolie legen. Auf jedes Gemüse ein Stückchen Butter und Gewürze geben. Bei den Zwiebeln die Butter zwischen die Hälften legen, fest in Folie einwickeln und auf dem Grill fertig garen.

Gemischter Grill

Pro Person: 1 Hühnerbein, 1 Grillrippe vom Schwein, 1 sehr dick geschnittenes Rindersteak, 1 grobe Bratwurst.
Für die Marinade: ½ Tl. Chilipulver, 1 Tl. Paprikapulver, 2 gehackte Knoblauchzehen, ½ Tl. Salz, ½ Tl. frisch gemahlener Pfeffer, 1 Essl. getrocknete Kräuter, 3-4 Essl. Öl, ½ l dunkles Bier.

Alle Zutaten für die Marinade mischen und das gesamte Fleisch, auch die Wurst, darin mehrere Stunden einlegen.

Vor dem Grillen herausnehmen und etwas abtropfen lassen.

Turron (Naschwerk)

250 g geschälte Mandeln, 250 g geschälte Haselnüsse, 5 Eiweiß, 250 g hellen Honig, 250 g Zucker, 2 cl Anisschnaps, 3 Backoblaten (12x20 cm), 1 Essl. gemahlener Zimt.

Mandeln und Haselnüsse im Mixer fein zermahlen. Eiweiß steif schlagen, die Mandeln und Nüsse unterheben. Honig und Zucker in einem Topf erhitzen. Nussmasse dazugeben. Bei mäßiger Hitze 10 Minuten ständig rühren. Vom Herd nehmen und den Anisschnaps unterrühren. Die Masse daumendick auf die Oblaten streichen. Mit Zimt bestäuben. Einen Tag ruhen lassen. Vor dem Servieren in 1 cm große Stücke schneiden und in Pralinenförmchen setzen.

Tipp: In einer Blechdose kühl aufbewahrt, halten sich die Turrons etliche Wochen!

In Armenien zur Weihnachtszeit

In Armenien wird in der Woche vor Weihnachten auf Fleischspeisen verzichtet. Am Weihnachtstag wird gar nicht gegessen.

Nach der Mitternachtsmesse setzt sich die ganze Familie dann zu einem großen Festmahl zusammen. Mit geweihtem Wasser werden die Küchen- und Haushaltsgeräte gereinigt, um die Sünden des vergangenen Jahres fort zu spülen.

Da in dieser ehemaligen Sowjetrepublik noch der julianische Kalender gilt, findet das Weihnachtsfest erst am 6. Januar statt.

Die Rezepte und Informationen übermittelte Laura Valerande-Spooner.

Gata / Weihnachtsplätzchen

Für den Teig: 1 Würfel frische Hefe, 1 Becher Sour Cream, 1 Tasse Butter oder Margarine, 1 Ei, 1 Essl. Sonnenblumenöl, 1 Essl. Essig, 3 Tassen Mehl, Mehl zum Verarbeiten.
Für die Füllung: 1 Tasse Butter, 2 Tassen Mehl, 1 ¼ Tasse Zucker, ½ Tl. Vanilleextrakt oder das Mark einer halben Vanilleschote.
Für die Glasur: 2 Eigelb, 1 Tl. Naturjoghurt.

Hefe und Sour Cream mischen und 10 Minuten stehen lassen. Butter cremig rühren. Ei, Öl und Essig zugeben und gut verrühren. Das Mehl portionsweise hinzusieben und unterarbeiten. Den Teig etwa 15 Minuten gründlich kneten, bis er ganz glatt und fest ist und nicht mehr an den Händen klebt. Zu einem Ball formen, in Frischhaltefolie wickeln und über Nacht in den Kühlschrank legen.
Für die Füllung die Butter schmelzen und das Mehl unter Rühren zugeben. Zucker und Vanille zugeben und 1 Minute gründlich verrühren, bis eine gleichmäßige Masse entsteht. Den Ofen auf 200° vorheizen. Den Teig in 8 gleichgroße Stücke

teilen und Bälle daraus formen. Auf ein bemehltes Blech geben und zu Rechtecken ausrollen (18x25cm). Jedes Rechteck mit flüssiger Butter bestreichen. Die Füllung gleichmäßig auf die Rechtecke verteilen. Am Besten mit einem Nudelholz glätten! An den Rändern die Teigplatten etwa 1 cm einschlagen, dann die Platten der Länge nach platt rollen. Mit einem scharfen Messer die Rolle diagonal in 5 cm dicke Scheiben schneiden. Im Abstand von etwa 5 cm auf ein leicht bemehltes Backblech legen. Die Eigelbe verquirlen und den Joghurt gut unterrühren. Die Oberseite des Gebäcks mit der Glasur bestreichen. Im Ofen etwa 25 Minuten (Mitte) backen, bis das Gebäck goldbraun ist.

Vor dem Verzehr vollständig auskühlen lassen!

Anoushabour/Weihnachtspudding

1 Tasse Perlgraupen, 1 l kaltes Wasser, 1 Stück Zimtstange, 1 Tasse Zucker, 100 g gehackte Walnüsse, 100 g gehackte Mandeln, 100 g Rosinen, etwas Rosenwasser, gemahlener Zimt.

Perlgraupen unter fließendem Wasser gründlich abspülen. In einen Topf geben und mit 1 L kaltem Wasser bedecken. Über Nacht quellen lassen. Die Zimtstange zu den Graupen geben und zum Kochen bringen. Unbedeckt etwa 2 Stunden bei milder Hitze leicht köcheln lassen, bis die Graupen weich sind und eine breiige Masse entstanden ist. Zimtstange entfernen und den Zucker unterrühren. Weitere 10 Minuten köcheln lassen. Leicht abkühlen lassen. Die Nüsse und Rosinen unterrühren und mit einigen Tropfen Rosenwasser aromatisieren. Die Oberfläche glatt streichen und mit Zimt bestäuben.

Varianten: Warm servieren oder aber im Kühlschrank sehr kalt werden lassen!

Weihnachten in Dänemark

Die Weihnachtszeit wird in Dänemark gerne genutzt, um in angenehmer Gesellschaft ausgiebig zu essen und zu trinken.
Dazu gibt es verschiedene Feste, an denen man gerne zusammen kommt: Mortensaften (St. Martin), Julefrokost, lille Juleaften (23.12.), Juleaften (Weihnachtsabend 24.12.) und Nytarsaften (Neujahrsabend, 31.12.).
Gegessen wird meist in vielen Gängen, die sehr unterschiedlich sind. Immer ist von allem etwas zu finden: Fleisch, Fisch, Käse, „Süßes". Es gibt auch bei unseren nördlichen Nachbarn die Weihnachtsgans, eine Ente oder auch Weihnachtschinken. Das kam allerdings erst um 1850 in Mode. Auch Puter haben im kalorienbewussten Zeitalter Einzug in die dänischen Küchen gehalten. Immer auch wird der „Nisse" mit Speisen bedacht. Der Nisse ist ein Hausgeist, der auf dem Dachboden haust. Charakteristisch für jedes dänische Weihnachtsfest ist Nisse noch heute, genauso, wie der Tanz um den Weihnachtsbaum.
Danke an Michaela Prechel!

Indlagte sild / Eingelegter Hering

6 Salzheringe (alternativ frische Heringe). Marinade: 1 l Wasser, 1 Tasse Zucker, ½ l Essig, Wacholderkörner, Senfkörner, 2-3 Lobeerblätter, 10 ganze schwarze Pfefferkörner, 5 Nelken, 6 Zwiebeln in Scheiben.

Salzheringe müssen 1 Tag in Wasser entsalzen werden. Frische Heringe werden küchenfertig zubereitet und wenn möglich wird auch die Haut abgezogen. Kopf und Schwanzflossen werden entfernt und der Hering wird in 2-3cm große Stücke quer zerteilt.
Wasser mit Zucker aufkochen und Essig zufügen. Wacholder, Senfkörner, Lorbeer, Pfefferkörner und Nelken einrühren und stehen lassen, bis die Marinade nur noch lauwarm ist. Zwiebelstücke und Fisch zugeben. 2 Tage abgedeckt mit Lüftungsloch kühl (aber nicht im Kühlschrank) stehen lassen. Dann richtig kühl stellen! Nach einer Woche schmecken die Heringe am Besten. Sie halten sich 14 Tage.

Variante: Mit frischem Dill statt Wacholder!

Kongelig Dessert (königliches Dessert)

32 große getrocknete Pflaumen, ½ l fertig gegarter Vanillepudding, Portwein, 300 g Makronen, ½ l geschlagene Sahne.

Pflaumen im warmen Wasser einweichen, 10 Minuten kochen und erkalten lassen. Diese als erste Schicht in eine große Glasschüssel geben. Darauf eine Schicht Makronen geben, die mit reichlich Portwein beträufelt werden. Darüber eine Lage Pudding und wieder eine Lage Makronen, diesmal ohne Portwein. 1 Stunde stehen lassen und dann mit Sahne Abdecken. Dazu Portwein servieren.

Aebleskiver (Pförtchen)

500 g Mehl, 1 Essl. Zucker, Kardamompulver, 1 Tasse Milch, 1 Tasse Sahne, 3 Eigelb, 1 Würfel Hefe, 1 Prise Salz, Butter zum Ausbacken.

Die Eier trennen. Die Milch erwärmen. In die lauwarme Milch Mehl, Zucker, Salz, Eigelb, Sahne und Hefe einrühren. Mindestens 1 Stunde gehen lassen. Eiweiß zu einem steifen Schnee schlagen und unterheben. Die Pförtchenpfanne erwärmen, mit Butter auspinseln und halb mit dem Teig füllen. Solange die Mitte noch flüssig ist, die Pförtchen umdrehen.
Traditionell wird dazu Erdbeermarmelade oder auch Apfelmus gereicht. Die Pförtchen werden mit der Hand gegessen und in die fruchtige Beilage eingetaucht. Meist steht eine große Schüssel von jedem auf dem Tisch!

Tipp: Wenn der Teig zu fest ist, mit etwas Bier verdünnen!

Glögg (Glühwein)

1 l trockener Rotwein, 1 l Wasser, 1 Pfund Zucker, 1 Tasse Rosinen, 3 Zitronen, 2 Stangen Zimt, 10 Nelken, 5 ganze Kardamom, 1 Tasse Mandeln geschält, 1 Tasse Rum, 1 Tasse Arrak.

Zimt, Nelken und Kardamom in einen kleinen Leinenbeutel geben. Alternativ in einen Teebeutel. Gewürze zusammen mit Wasser und Zucker 30 Minuten leicht köcheln lassen. Rosinen, Mandeln, den Saft der Zitronen und Rotwein zugeben und 5 Minuten köcheln lassen. Rum und Arrak zugeben und weitere 5 Minuten köcheln lassen. Jede Portion mit Rosinen und Mandeln anreichen.

Tipp: Rotwein zur Hälfte durch Fliederbeersaft ersetzen!

Glögg ist am Neujahrsabend unverzichtbar. Eigentlich heißt es: glödjad dryck - glühendes Getränk!

In England

In England wird Weihnachten am 25.12. gefeiert.
Die Kinder erhalten am Weihnachtsmorgen ihre Geschenke, wobei die Kleinigkeiten traditionell in Strümpfe gepackt werden, die am Bett oder am Kamin aufgehängt werden. Die großen Gaben liegen unter dem Weihnachtsbaum. Den Weihnachtsmann (Santa Claus) bekommen die Kinder deshalb nie zu Gesicht, weil der in der Nacht durch den Schornstein einsteigt und die Geschenke bringt. Am Nachmittag des 25. Dezember trifft sich dann die ganze Familie zum „Christmas dinner". Es gipfelt in einer wahren Orgie von Desserts. Mindestens drei oder vier verschiedene süße Nachspeisen sind üblich. Sie werden von der Gastgeberin phantasievoll mit Stechpalmenzweigen, Misteln und anderen weihnachtlichen Symbolen dekoriert. Üblich ist auch ein an der Tür aufgehängter Mistelzweig. Wenn zwei unter einem solchen Zweig stehen, müssen sie sich der Tradition entsprechend küssen.
Rezepte: Michelle und Jeff Tate!

Englisches Roastbeef mit Yorkshire-Pudding

Für den Yorkshire-Pudding: 175 ml Milch, 125 ml Wasser, 175 g Mehl, etwas Salz, 2 Eier.
Für das Beef: 3 Essl. Öl, 1,5 kg Rinderlende.
Für die Meerrettichsahne: 125 ml Sahne, 40 g frischer Meerrettich, Salz, Pfeffer, einige Tropfen Zitronensaft.
Für die Sauce: 1 Karotte, 1 Zwiebel, 1 Selleriestange, 1 Porreestange, 1 Lorbeerblatt, 2 frische Thymianzweige, 3 Pfefferkörner, 500 ml Rinderbrühe, Salz, Pfeffer.

Milch und Wasser verrühren. Mehl und Salz in eine Schüssel sieben, in die Mitte eine Vertiefung drücken. Eier hineingeben und verrühren. Wenn die Mischung eindickt, langsam das Milch-Wasser-Gemisch zufügen. Alles zu einem glatten Teig kneten und zugedeckt 30 Minuten ruhen lassen. Öl in einem Bräter erhitzen und das Fleisch mit der Fettseite nach unten hineinlegen. Von allen Seiten gut anbraten. Das Fleisch im vorgeheizten Backofen bei 220° (Mitte) braten (blutig etwa 30 Minuten, rosa etwa 45 Minuten,

durch etwa 1 Stunde). Dabei das Fleisch alle 15 Minuten drehen und begießen.
Für die Meerrettichsahne die Sahne steifschlagen, den geriebenen Meerrettich unterziehen und mit Salz, Pfeffer und Zitronensaft abschmecken. Kalt stellen. Das Fleisch aus dem Ofen nehmen und auf einer Platte mit Alufolie abgedeckt ruhen lassen. Das Fett bis auf 1 Essl. abgießen und mit dem abgegossenen Fett 12 Muffinförmchen ausstreichen. Die Formen im Ofen erhitzen, bis sie zu „rauchen" anfangen. Den vorbereiteten Teig in die Formen verteilen und 15-20 Minuten backen, bis der Teig aufgegangen und goldbraun ist.
Das restliche Fett im Bräter auf dem Herd erhitzen. Das Gemüse putzen und sehr fein würfeln. Alles dazugeben und bei mittlerer Hitze andünsten. Das überschüssige Fett abgießen. Die Gewürze und etwas Brühe zugeben. Bratensaft vom Boden lösen. Restliche Brühe zufügen und auf die Hälfte einkochen. Durch ein Sieb abgießen und noch einmal Fett abschöpfen. Die Sauce mit Salz und Pfeffer abschmecken. Meerrettichsahne und Pudding werden mit der Sauce zum Fleisch gereicht.

Sherry-Flammeri

30 g Gelatinepulver, 475 ml kaltes Wasser, 1 große unbehandelte Zitrone, 4 Eier, 60 g Zucker, 475 ml trockener Sherry, 1 Prise Muskat.

Die Gelatine in 120 ml Wasser einrühren und 5 Minuten quellen lassen. Anschließend langsam und ohne Rühren erhitzen, bis die Gelatine ganz gelöst ist. Vom Herd nehmen und leicht abkühlen lassen.
Unter Rühren nach und nach das restliche Wasser zugießen. Die Schale der Zitrone abreiben und die Zitrone auspressen. Schale und Saft einrühren. Die Eier mit dem Zucker schaumig schlagen und mit dem Sherry und dem Muskat in die Gelatinemischung rühren. Im Wasserbad erhitzen, bis die Masse an einem Löffelrücken einen Überzug bildet. Durch ein Sieb in eine Form passieren und über Nacht kühl stellen. Zwei Stunden vor dem Servieren aus dem Kühlschrank nehmen und eine Stunde vor dem Servieren auf eine Platte stürzen.

Englisches Portweingelee

20 g Gelatinepulver, 90 ml kaltes Wasser, Saft und Schale von einer unbehandelten Zitrone, 350 ml Wasser, ½ Zimtstange, 4 Gewürznelken, 170 g Zucker, 300 ml Portwein, 60 g frische Preiselbeeren.

Die Gelatine in 90 ml Wasser einrühren und 5 Minuten quellen lassen. Dann langsam und ohne Rühren erhitzen, bis die Gelatine ganz gelöst ist. Vom Herd nehmen.
Zitronensaft und Zitronenschale, Wasser, Zimt, Nelken und Zucker zusammen aufkochen. Vom Herd nehmen und die Gelatine einrühren.
Abkühlen lassen. Dann den Portwein einrühren.
Durch ein Sieb gießen und die Hälfte der Mischung in eine 1l-Form gießen. Die Preiselbeeren darüber geben und im Kühlschrank stocken lassen. Das restliche Gelee darüber gießen und über Nacht im Kühlschrank stocken lassen. 2 Stunden vor dem Servieren herausnehmen und eine Stunde vor dem Servieren auf eine Platte stürzen.

Englischer Rumtopf

890 ml Wasser, 230 g Zucker, 450 g Kumquats, 230 g Zwerglimetten, 1,8 l weißer Rum.

Wasser und Zucker aufkochen. Die Schalen der Früchte mit einem Zahnstocher mehrmals einstechen, dann in der kochenden Flüssigkeit 5 Minuten pochieren. Mit einer Schaumkelle herausheben und in 4 Gläser mit einem Fassungsvermögen von je einem halben Liter füllen.

Den Sirup auf 300 ml einkochen. Rum einrühren und über die Früchte gießen. Die Gläser luftdicht verschließen und mindestens 4 Wochen an einem kühlen, dunklen Ort ziehen lassen.

Christmas-Pudding

230 g Butter, 2 Essl. Rübensirup, 180 ml Weinbrand, Saft und Schale von 2 Zitronen, abgeriebene Schale von 2 Orangen, 4 Eier, 230 g Paniermehl, 230 g Korinthen, 230 g Sultaninen, 230 g Rosinen, 230 g brauner Zucker, 85 g Weizenvollkornmehl, 85 g gehackte Mandeln, 85 g gehackte Haselnüsse, 85 g kandierter Ingwer, 1 großer Apfel in kleinen Stücken, 1 Tl. Piment, 1 Tl. Muskatnuss, ½ Tl. Nelken.

Butter und Rübensirup gemeinsam bei kleiner Hitze schmelzen lassen. Abkühlen lassen.

Währenddessen die Nüsse in einer Pfanne rösten. Dann den Weinbrand, den Zitronensaft, sowie Zitronen- und Orangenschale unter die Eier rühren. Anschließend die Eier mit einem Schneebesen unterschlagen. Die restlichen Zutaten in einer Schüssel vermengen und dann die Eiermasse dazugeben. Alles gut mischen und in eine gefettete Puddingform (Große-Hans-Form) füllen. Im Wasserbad 6 Stunden köcheln

lassen. In der Form dann 10 Minuten auskühlen lassen.
Den Pudding stürzen, in Frischhaltefolie wickeln und 2 Monate kühl stellen.

Vor dem Servieren nochmals 2 Stunden im Wasserdampf garen.

Zur Erklärung: Der Pudding wird schon im Oktober zubereitet. Dazu wird dann beim Servieren eine Vanillesauce gereicht.

Bisquitbombe

85 g gemischte Trockenfrüchte, ½ Tl. Zimt, ½ Tl. Nelken, ½ Tl. Muskatnuss, 5 Essl. Rum, 3 Eier, 2 Eigelbe, 60 g Zucker, 300 ml Sahne, 15 g Gelatinepulver, 1 Bisquitroulade.

Die Früchte sehr klein schneiden. Mit den Gewürzen mischen und mit 2 Essl. Rum begießen. Über Nacht zugedeckt ziehen lassen. Die Eier und die Eigelb etwa 5 Minuten cremig schlagen. Den Zucker langsam zufügen und weitere 5 Minuten schlagen. Dann die eingeweichten Früchte und die Sahne zu der Eiermischung geben. Den restlichen Rum erhitzen und das Gelatinepulver darin unter Rühren auflösen. Die geschmolzene Gelatine unter die Eiermasse rühren. Die Bisquitroulade in ½-cm-dicke-Scheiben schneiden und eine Bombenform von 19 cm Durchmesser mit den Scheiben auskleiden. Die Masse einfüllen und mit Rouladenscheiben bedecken. Zugedeckt im Kühlschrank stocken lassen. Vor dem Servieren auf eine Platte stürzen. Für das Rezept wird eine fertige Roulade verwendet. Selbstgemacht geht auch!

Weihnachtszeit in Griechenland

In Griechenland dauert die Weihnachtszeit vom 24.12. bis zum 6.1. Am 24. 12 ziehen die Kinder in einer Kalanda (Umzug, bei dem Rhythmusinstrumente und Glocken geschlagen werden) durch die Straßen. Sie wünschen den Menschen Glück und bekommen im Gegenzug dafür kleine Geschenke und Süßigkeiten. In den folgenden 12 Nächten werden nachts große Feuer angezündet, um die Kobolde zu vertreiben. Das größte und beste Holzscheit wird in der Heiligen Nacht verbrannt. Es soll das Christkind wärmen.

Am 1. Januar, dem Basiliustag, erhalten die Kinder ihre Geschenke. Sie werden in der Nacht vor Ihr Bett gelegt. An diesem Tag gibt es als Mahlzeit das Basiliusbrot. In dieses Brot wird traditionell eine Münze eingebacken, die dem Finder das ganze Jahr über Glück bringen soll.

Dankeschön an Elena Christofarus für Informationen und Rezepte!

Gefüllter Truthahn griechische Art

1 küchenfertiger Truthahn (ca. 6 kg), 150 g roher Schinken, 150 g gekochter Schinken, 50 g Speck, 400 g mageres Schweinefleisch, 200 g altbackenes Weißbrot, 150 ml Milch, 2 Zwiebeln, 1 Knoblauchzehe, 3 Karotten, 150 g Butter oder Margarine, 1 Essl. Mixed Pickles, 1 Essl. entsteinte Oliven, 4 Essl. gehackte Petersilie, 2 Eier, Salz, Pfeffer, ½ l trockener Weißwein.

Den Truthahn innen und außen kalt abspülen und gut abtrocknen. Den rohen und den gekochten Schinken, den Speck, das Schweinefleisch und die Innereien des Truthahns würfeln und durch den Fleischwolf drehen. Brot in Milch einweichen, ausdrücken und dazugeben. 1 Zwiebel, Knoblauch und 1 Karotte schälen und würfeln, in 30 g Butter anbraten und zu der Farce geben. Pickles und Oliven hacken und mit der Petersilie und den Eiern zu der Masse geben. Alles durchkneten und mit Salz und Pfeffer würzen. Den Truthahn damit füllen, mit Rouladennadeln oder Zahnstochern verschließen, in eine große Form geben oder in eine Fettpfanne legen. Die Butter zerlassen und das Geflügel damit einpinseln. Den Ofen auf 180° vorheizen. Die übrige Zwiebel und die beiden Karotten schälen und in Scheiben schneiden. Neben den Truthahn legen. 100 ml Wasser angießen und das Geflügel etwa 4 Stunden im Ofen garen. Nach 30 Minuten etwas Wein angießen und das Geflügel weiter garen. Nach weiteren 30 Minuten wieder etwas Wein angießen und nach und nach den restlichen Wein zufügen. Den Truthahn während des Bratens immer wieder mit dem Bratensud begießen.

Tipp: Mit gekochtem Reis, geschmorten Möhren und bestreut mit frischer Brunnenkresse servieren!

Sollte eine Babypute verwendet werden, müssen die Mengen aller Zutaten um die Hälfte reduziert werden. Auch die Bratzeit verringert sich auf etwa 2,5 Stunden.

Ravani/Grießkuchen

Für den Kuchen: 160 g Mehl, 3 Tl. Backpulver, 2 Messerspitzen Salz, 6 Eier, 120 g Zucker, 200 g weiche Butter, abgeriebene Schale einer Apfelsine, 100 g Gries, 125 ml Orangensaft, 50 g Mandelstifte, Butter für die Form.
Für den Sirup: 350 g Zucker, 2 cl Cognac

Eine große flache Backform einfetten. Den Backofen auf 180° vorheizen. Mehl und Backpulver sieben und mit Salz mischen. Eier trennen. Eiweiße zu Schnee schlagen, dabei nach und nach die Hälfte des Zuckers einrühren. Butter mit restlichem Zucker, Eigelben und der Apfelsinenschale schaumig rühren. Nacheinander das Mehl, den Gries und die Mandelstifte einarbeiten. Eischnee unterheben und die Masse in die Form füllen. Etwa 40-50 Minuten auf mittlerer Schiene backen. Kuchen in der Form erkalten lassen. Zucker mit 125 ml Wasser aufkochen und Cognac zufügen. Sirup über Kuchen gießen und den Kuchen in kleine Quadrate schneiden.

Melomakarona (Weihnachtsgebäck)

Für das Gebäck: 400 ml Olivenöl, 120 g Butter, 250 ml Bier, 1 Tl. gem. Zimt, 1 Msp. gem. Nelken, abger. Schale einer Apfelsine, 200 g Zucker, 600 g Mehl, 350 g Weizengrieß, 1 Tl. Backpulver, 1 Tl. Natron, 1 Tl. Salz.
Für den Sirup: 300 g Zucker, 500 g Honig, 250 ml Wasser, 60 g gehackte Walnüsse.

Öl, Butter, Bier, Zimt, Nelken, Apfelsinenschale und Zucker gut verrühren. Von dem Mehl eine Tasse abnehmen und mit dem Backpulver, Natron und dem Salz vermischen. Unter die Ölmixtur geben. Nach und nach den Weizengrieß unterarbeiten. Dann nach und nach das restliche Mehl mit den Händen unterarbeiten bis ein relativ fester Teig entsteht.

Den Teig zu kleinen, etwa 5 cm langen Rollen formen (2-3 cm Durchmesser). Mit der Hand etwas flach drücken. Auf ein gefettetes Backpapier legen und bei 175° (Mitte) im vorgeheizten Backofen 30 Minuten backen.

Dann auf dem Blech 30 Minuten auskühlen lassen.
In der Zwischenzeit den Zucker mit dem Honig und Wasser mischen und unter Rühren zum Kochen bringen. Etwa 3 Minuten bei schwacher Hitze köcheln lassen. Den eventuell entstehenden Schaum von der Oberfläche abschöpfen.

Den Sirup über die Kekse gießen und mit Walnüssen bestreuen. Über Nacht ziehen lassen!

Basiliusbrot

500 g Mehl, 1 Würfel frische Hefe, 100 g Butter, 100 g Zucker, 3 Eier, 1 Prise Salz, Schale von einer Orange, 1 Tl. Anis, 1 Eigelb, 50 g Sesamsamen, 10 geschälte/halbierte Mandeln, Fett für die Form.

Mehl in eine Schüssel sieben und eine Mulde in die Mitte drücken. Hefe mit 6 Essl. warmen Wasser verrühren, in die Mulde geben, mit etwas Mehl vom Rand vermengen und überstreuen. Zugedeckt 20 Minuten an einem warmen Ort gehen lassen. Butter schmelzen, abkühlen lassen, mit Zucker, Eiern, Salz, Orangenschale und Anis verquirlen und zum Vorteig geben. Alles mit dem Knethaken des elektrischen Handmixers zu einem weichen Teig verarbeiten. Zugedeckt 20 Minuten gehen lassen, dann in eine gefettete Springform geben. Eigelb mit 1 Essl. Wasser verquirlen, den Teig damit bestreichen und mit Sesam bestreuen. Mandeln in der Teigmitte kreuzartig auflegen. 20 Minuten gehen lassen, dann im vorgeheizten Backofen bei 180° (Mitte) 30-40 Minuten backen.

Weihnachten in Mexiko

In Mexiko ist das Weihnachtsfest eine sehr langwierige Veranstaltung. Sie beginnt als „Las Posedas" (16.-24. Dezember), der Reise von Maria und Josef nach Bethlehem, gefolgt von dem Weihnachtstag (25. Dezember), dann Neujahr am 1. Januar. Am 6. Januar „El Dia de los Tres Reyes" (Heilige Drei Könige) und zum Schluss das Fest „Calendaria" am 2. Februar. Bei diesem Fest werden Kerzen geweiht und das Christkind wird aus der Krippe gehoben und eingekleidet.

Bei all diesen Festen spielt das Essen eine große Rolle und es gibt traditionelle Gerichte, die zu den einzelnen Festtagen gereicht werden.

Immer sind Tamales, eine mexikanische Spezialität, die in ungezählter Vielfalt bekannt sind, Bestandteil der Mahlzeit. Es handelt sich hierbei um die in Blätter gewickelten Zutaten, die gegart oder gebacken und vor dem Verzehr aus ihrer Hülle ausgewickelt werden. Es gibt süße und herzhafte, milde und feurig scharfe

Tamales. Der Phantasie der Köche sind dabei keine Grenzen gesetzt.

Teil der Feste sind auch die „Pinatas", mit Süßigkeiten und kleinen Geschenken gefüllte Pappmachegebilde, die von der Decke hängen und von den Gästen mit Hilfe von Stöcken zerschlagen werden sollen, um an die Gaben zu gelangen.

Am Neujahrstag werden traditionell 12 Weintrauben verzehrt, eine für jeden Monat des neuen Jahres, um Glück zu bringen. Bei jeder Traube darf ein Wunsch geäußert werden.

Alle Rezepte sind grundsätzlich für 6 Personen gedacht!

Die Rezepte hat Marion Röse zur Verfügung gestellt!

Crema Poblana / Chilisuppe

50 g Butter, 6 große Chilischoten, 1 mittelgroße Zwiebel gewürfelt, 2 Knoblauchzehen gewürfelt, 250 ml Hühnerbrühe, 1 Essl. Mehl, 3-4 Essl. Kondensmilch, 150 g Maiskörner, Salz, Pfeffer.

Die Chilischoten im Backofen unter dem Grill kurz braten und anschließend die Haut abziehen. Chilis entkernen und in kleine Stücke schneiden. Die Hälfte der Butter in einem Topf zerlassen und Chilis, Zwiebel, Knoblauch darin andünsten, bis die Zwiebel glasig ist. Die Brühe zugeben und alles pürieren. Die restliche Butter in einem Topf schmelzen, das Mehl zügig unterrühren, mit Brühe angießen und bei schwacher Hitze unter ständigem Rühren kochen lassen, bis die Flüssigkeit leicht eindickt. Die Kondensmilch und den Mais zugeben und mit Salz und Pfeffer abschmecken!

Tipp: Vor dem Servieren Streifen von Tortillas (gibt es fertig im Handel) und etwas geraspelten scharfen Käse auf die Suppe streuen!

Christmas Breasts/Weihnachtsbrüstchen

Für die Brüste: 150 g Butter, 2 Essl. Öl, 4 ganze Hühnerbrüste von je ca. 250 g, 4 Kürbis- oder Zucchiniblüten, 8 große Champignons, Pfeffer, Salz, 4 Essl. mexikanische Würzmischung.

Für die Sauce: 1 spitzer Paprika, 2 Essl. Milch, 1 Essl. Butter, 2 Essl. fein gehackte Zwiebel, 2 fein gehackte Knoblauchzehen, 1 ½ Essl. Mehl, 1 ½ Tassen Rotwein, 1 Becher Sour Creme, 1 Essl. Hühnerbrühpulver, Salz und Pfeffer. 1 Granatapfel.

Die Hühnerbrüste waschen und gründlich trocknen. Mit Salz und Pfeffer würzen. Auf jede Brust eine Blüte, 2 Champignons und einen Essl. Würzmischung verteilen. Die Brüste zusammenklappen und mit Holzstäbchen verschließen. Butter und Öl in einer Pfanne erhitzen und die Brüste von allen Seiten etwa 10 Minuten braten, bis das Fleisch ganz durch gegart ist.

Die Spitzpaprika halbieren und mit der Hautseite nach oben im Backofen übergrillen, bis die Haut kleine Bläschen wirft. Enthäuten, entkernen und fein hacken. Mit der Milch zu einer feinen Paste pürieren. Die Butter erhitzen und die Zwiebeln und den Knoblauch darin glasig dünsten. Dann unter Rühren das Mehl hinzufügen. Mit dem Wein ablöschen und die Paprikapaste hinzugeben. Zwei Minuten köcheln lassen. Die Sour Creme hinzugeben und gut verrühren. Mit Pfeffer und Salz abschmecken. Die Hühnerbrüste auf Tellern anrichten und die Sauce darüber geben. Den Granatapfel entkernen und die Kerne über die Sauce streuen.

Tipp: Im Original nimmt man Huitlacoche für die Hühnerbrüste zum Würzen. Das ist hierzulande fast unmöglich zu bekommen. Mexikanische Würzmischung ist ein guter Ersatz und im gut sortierten „Gewürzhandel“ zu finden!

Ensalada de Noche Buena/Heiligabendsalat
(6 Personen)

Für den Salat: 4 grüne Äpfel, 4 rote Äpfel, 3 Apfelsinen, 3 Granatäpfel, 2 Essl. Zitronensaft, 1 rote Zwiebel in Scheiben, ½ grüne Paprika in dünnen Streifen, 50 g zerkleinerte Walnüsse, 50 g geraspelter Cheddar, 50 g kernlose Weintrauben, 2 Essl. geraspelte Kokosnuss.
Für die Vinaigrette: 3 Essl. Öl, 1 Essl. weißer Balsamicoessig, Pfeffer, Salz, Zucker, Senfpulver.

Äpfel waschen, entkernen und in mundgerechte Bissen schneiden. Apfelsinen schälen und klein schneiden. Die Kerne aus den Granatäpfeln schaben, diese mit den klein geschnittenen Früchten vermengen. Mit Zitronensaft beträufeln. Zwiebel und Paprika zu dem Obst geben. Aus den angegebenen Zutaten die Vinaigrette herstellen, über den Salat geben und mindestens 1 Stunde im Kühlschrank gut durchziehen lassen. Vor dem Servieren den Salat mit Walnüssen, dem Käse und den Trauben bestreuen. Zum Schluss die Kokosraspeln darüber geben.

Tamales / Grundrezept

Etwa 40 getrockenete Maisblätterhülsen, 500 g Schmalz, 600 g Masa (fertig zubereiteter Maisgrieß geht als Ersatz!), 200 ml Wasser, 1 ½ Tl. Salz, 1 Tl. Backpulver.

Die Maisblätter in reichlich warmes Wasser legen und über Nacht einweichen lassen.

Dann herausnehmen, abtropfen lassen und mit Küchentüchern trockentupfen. Das Schmalz mit dem Mixer zu einer cremigen Masse schlagen. Den Maisgrieß nach Packungsanleitung am Besten am Vortage zubereiten.
Den Maisgrieß mit der Hand gründlich durchkneten und nach und nach das Wasser hinzufügen, bis der Teig nicht mehr klebt. Backpulver und Salz hinzufügen und noch einmal kurz durchkneten. Das cremige Fett nach und nach unterschlagen, bis ein glatter Teig entstanden ist.

Die Blätter an den Spitzen gerade abschneiden. Immer zwei Hülsen so ausbreiten, dass sie etwa 1

cm übereinander liegen und eine recht große Fläche bilden. Etwa 3 Essl. Teig (je nach Größe der Blätter) auf die Blatthülsen geben und gleichmäßig verteilen. Oben und unten je etwa 2 cm freilassen. Die Hülsen aufrollen und seitlich zudrücken und die oberen Enden in das freie untere Ende der Hülse stecken. In einen Topf mit Dampfeinsatz schichten, dabei darauf achten, dass sich die Hülsen nicht wieder lösen. Den Stapel nicht zu fest zusammendrücken, sondern nur lose schichten! Mit einer Schicht Maisblätter und einem kochfesten Küchenhandtuch bedecken.
Den Topf am Boden mit Wasser füllen. Das Wasser darf auf keinen Fall die Maishülsen berühren. 35 Minuten im geschlossenen Topf dämpfen. Bei Bedarf kochendes Wasser zufügen. Die Tamales sind gar, wenn der Teig fest, aber nicht hart ist und sich ganz leicht von den Blättern lösen lässt.

Tipp: Wenn keine Maisblatthülsen zur Verfügung stehen, kann man auch ungebleichtes Butterbrotpapier (20x20cm) verwenden, Tamales „einpacken“ und mit Rouladengarn umwickeln!

Rosca de Reyes / Drei-Königs-Brot

Für das Brot: 500 g Butter, 500 g Puderzucker, 6 Eier, 4 Tassen feingesiebtes Mehl, ¼ Tl. Backpulver, 1 Tl. Vanillezucker, 1 Tasse gehackte Pekannüsse (ersatzweise Walnüsse).
Für den Sirup: 2 Tassen brauner Zucker, 1 Tl. gemahlener Anis, 1 Tl. Vanilleextrakt.

Butter und Puderzucker schaumig rühren, Eier zugeben und wieder schaumig rühren. Mehl, Backpulver und Vanillezucker mischen und nach und nach unter die Eiermischung rühren.

Eine Backform leicht ausfetten und den Boden der Form mit den Nüssen ausstreuen. Den Teig in die Form geben und im vorgeheizten Backofen bei 180° (Mitte) etwa 55 Minuten backen. Auskühlen lassen und dann aus der Form lösen.
Für den Sirup den braunen Zucker in einen Topf geben und bei mittlerer Hitze unter Rühren schmelzen lassen. Anis und Vanille einrühren. Den Sirup über das noch warme Brot geben und servieren.

Tipp: Traditionell wird in das Brot vor dem Backen ein kleines Babyfigürchen aus Porzellan gedrückt. Wer dieses Baby beim Essen findet, wird der „Taufpate“ des Christkindes und trägt es in die Kirche, wenn am 2. Februar das Fest „Candelaria“ gefeiert wird.
Heutzutage gibt der „Taufpate“ an diesem Tag ein Fest in seinem Haus, bei dem Tamales und heiße Getränke gereicht werden!

Heiße Schokolade

1 l Milch, 1 Tafel Zartbitterschokolade, 1 Stück Zimtstange, etwas Chilipulver.

Die Milch in einem großen Topf geben und zum Kochen bringen. Die Schokolade in Stücke brechen und mit der Zimtstange in die Milch geben. Unter ständigem Rühren leicht köcheln lassen, bis die Schokolade geschmolzen ist und die Milch leicht aufschäumt. Beim Servieren auf jede Tasse eine Prise Chilipulver stäuben und heiß servieren.

Weihnachten in Norwegen

In Norwegen wird das Weihnachtsfest sehr ähnlich, wie bei uns hier in Deutschland gefeiert.

Es gibt auch einen Weihnachtsbaum, der geschmückt wird. Auch die Bescherung ist am 24.12. wie bei uns.

Die weihnachtlichen Hauptgerichte bestehen aus Fleisch oder Fisch.

Am Heiligen Abend geht man auch dort gerne in die Kirche.
Der Weihnachtsbaum wurde in früheren Zeiten in einigen Familien sehr lange stehen gelassen. Es hieß: Weihnachten geht bis Ostern! Heute ist das allerdings nicht mehr so.

An dieser Stelle danke ich meinem Neffen Dirk, der in Norwegen lebt und mir bei der Zusammenstellung der Gerichte geholfen hat!

Rippe

1 kg Schweinebauch mit Schwarte, Salz, Pfeffer, 2 Essl. Senfkörner, 500 ml Brühe, 2 Essl. Butter, 2 Essl. Mehl.

2 Tage vor dem Weihnachtsfest in die Schwarte ein Muster einritzen und den Bauch mit Salz, Pfeffer und Senfkörnern würzen. Das Fleisch in eine Gefriertüte geben und im Kühlschrank 2 Tage ziehen lassen.

Den Schweinebauch mit der Schwarte nach oben auf ein Rost legen, darunter ein flaches Gefäß mit der Brühe stellen. Bei 200° im vorgeheizten Backofen 1 ½ Stunden backen. In Alufolie packen und noch 15 Minuten ruhen lassen. Sollte die Schwarte nicht krosch genug sein, noch einmal kurz übergrillen. Butter in einem Topf zerlassen, Mehl zufügen und mit der Brühe ablöschen und eine Soße herstellen. Dazu werden Kartoffeln und Gemüse gereicht.

Wichtig: Es wird in Norwegen besonders viel Wert auf die krosche Schwarte gelegt!

Pinnekajöt / Stabfleisch

2,5 kg gesalzene getrocknete Schafrippe, Stäbchen aus Birkenholz (1x1cm) ohne Rinde, 2 Kohlrabi.

Die Schafrippe wird zwischen Rippenknochen und Fleisch auseinander gezogen und über Nacht in Wasser gelegt. Die Stäbchen werden in einen Topf gegeben. Bis zum Holzrand wird Wasser hineingegeben. Die Rippenstücke werden in den Topf gegeben und bei geschlossenem Topf 2 Stunden gedünstet. Der Kohlrabi wird geschält und grob in Stücke geteilt. In der letzten Stunde wird der Kohlrabi auf das Fleisch gelegt und mitgegart. Zum Schluss soll das Fleisch so gar sein, dass es „vom Knochen fällt". Der Backofen wird auf 250° vorgeheizt und das Fleisch noch einige Minuten überbacken. Aus dem Sud wird eine Soße hergestellt. Der Kohlrabi wird entweder in Stücken oder als Mus dazu serviert.
Die Stäbe werden nach dem Kochen gereinigt und wieder verwendet.
Sie werden über Generationen weiter gegeben. Es ist eine Ehre für denjenigen, der sie erbt!

In Österreich

In Österreich wird der Weihnachtsbaum am 24.12. geschmückt und bleibt stehen bis zum 6.1., dem Heiligen- Drei -Königstag.

In früheren Zeiten wurde oft ein typisch steirischer Christbaum mit kleinen roten Äpfeln, goldenen und silbernen Nüssen behangen. Jetzt gibt es eher den „modernen" Christbaum, den jeder nach seiner Fasson dekoriert.

Am heiligen Abend geht man dort zur Mette.

Gegessen wird alles Mögliche, je nach Familientradition ganz unterschiedlich.

Die folgenden Rezepte stammen von der Autorenkollegin Erika Seidl. Vielen Dank!

Steirische Kürbiskernkipferln

210 g Butter, 260 g Mehl glatt, 100 g gemahlene Kürbiskerne, 100 g Staubzucker, 1 Packung Vanillezucker, Staubzucker zum Eindrehen.

Die Butter in Stücke schneiden und mit 2/3 Mehl verkneten. Anschließend aus allen Zutaten einen geschmeidigen Teig herstellen. Eine Kugel formen, in Haushaltsfolie einwickeln und zum Rasten für eine halbe Stunde in den Kühlschrank stellen.

Aus dem gekühlten Teig Stränge von 2cm Durchmesser formen und davon kleine Stücke abschneiden. Diese Stücke mit der Hand zu kleinen Strängen rollen, die an den Enden ein wenig schmäler sein sollten. Mit diesen Teigstücken Kipferln formen und auf ein mit Backpapier ausgelegtes Backblech legen. Im vorgeheizten Backofen bei 170° backen, bis die Kipferln hellbraun sind. Leicht abkühlen lassen und noch warm in Staubzucker wälzen.

Spagatkrapfen

280 g Mehl glatt, 140 g Butter, 1 Essl. Zucker, 4 Eidotter, 4 Essl. Sauerrahm, 1 l Frittierfett, Staubzucker mit Zimt gemischt zum Wälzen, geschlagene Sahne und Preiselbeeren.

Aus Mehl, Butter, Zucker, Eidotter und Rahm einen glatten Teig kneten und diesen zum Rasten eine halbe Stunde in den Kühlschrank stellen.
Auf einer gut bemehlten Arbeitsfläche den Teig mit einem Nudelholz 2 mm dick ausrollen. Nun mit einem Teigroller in ca. 8x4 cm große Stücke schneiden. Die Teigstücke der Länge nach auf die Spagatformen auflegen und mit dem Spagat im Abstand von 1 cm leicht schräg umwickeln. Der Faden darf nicht zu tief einschneiden, sonst löst sich nach dem Backen der Faden nicht vom Gebäck und dieses zerbricht. Im gut erhitzen Fett hellbraun ausbacken. Krapfen von den Formen wickeln und auf Küchenkrepp abtropfen lassen. Nach dem Auskühlen im Zucker-Zimtgemisch wälzen. Serviert wird dieses Typisch steirische Gebäck mit Schlagsahne und Preiselbeeren!

Weihnachten in Portugal

In Portugal geht man abends zur Messe. Im Anschluss treffen sich die Kirchgänger am wärmenden Feuer, um sich zu unterhalten und um dem Jesuskind Gaben zubringen. Da werden Backwerk aller Art, Obst oder Getreide mitgebracht.

Das Essen in den Familien besteht meist aus mehreren Gängen, zu denen fast immer die Portugiesische Spezialität „Bacallau" gehört. Das ist gesalzener und getrockneter Kabeljau. Auch bei uns bekommt man es in guten Fischgeschäften und manchmal lässt sich so etwas auch dort bestellen.

Die Rezepte wurden von Manuel Gomes zur Verfügung gestellt, der in Hamburg lebt und arbeitet. Ich danke ihm hier dieser Stelle für seine Mühe, alles zu Papier gebracht zu haben und sich so für dieses Buch einzusetzen!

Bacallau delicioso / Delikatess Kabeljau

6 Stücke Bacallau (mittlere Größe), 1 kg Kartoffeln, Öl, 3 reife Tomaten, ½ grüne Paprika, ½ rote Paprika, 2 mittlere Zwiebeln, 2 Knoblauchzehen, Olivenöl, Mehl, 1 Ei, Salz und Oregano.

Den Bacallau in Wasser 15 Minuten leicht köcheln, herausnehmen und abkühlen lassen. Die Kartoffeln schälen und in dünne Scheiben schneiden. Etwas Öl in eine Pfanne geben und die Kartoffeln darin braten, bis sie nicht mehr hart sind. Für die Sauce werden die beiden Paprika entkernt und gewürfelt. Tomaten werden fein gewürfelt, dabei der Strunk entfernt. Zwiebeln und Knoblauch werden geschält und fein gehackt. Olivenöl in einen Topf geben und das Gemüse darin dünsten, bis es weich ist. Unter Zugabe von etwas Olivenöl wird alles mit dem Passierstab fein püriert. Mit wenig Salz abschmecken.

Für den Fisch das Ei verschlagen, und den Fisch erst darin und dann in Mehl wenden. In einer Pfanne mit etwas Öl braten.
Die Kartoffeln in eine feuerfeste Form einschichten. Den Fisch auf die Kartoffeln legen und anschließend die Sauce gleichmäßig verteilen. Mit Oregano bestreuen.

Im vorgeheizten Backofen bei 200° (Mitte) ca. 20-25 Minuten backen, bis der Fisch oben goldbraun ist.

Bacallau: Diese Portugiesische Spezialität ist trocken und salzig. Bei Fischstücken mittlerer Größe muss eine Einweichzeit von 48 Stunden voran gehen. Man legt die trockenen Stücke in kaltes Wasser, das 1x am Tag gewechselt werden muss!
Bacallau kann so vorbereitet auch eingefroren werden. Es wird der Größe entsprechend eine Kochzeit von ca. 15 Minuten zugrunde gelegt.

Perna de Carneiro / Lammkeule gedünstet

2 kleine Lammkeulen von ca. 2 kg, 6 Eier, Salz, Petersilie, 800 g Kartoffeln, evtl. 2 Knoblauchzehen, 200 g hartes Weißbrot, 50 g Parmesan, schwarzer Pfeffer ganze Körner, 30 g Margarine.

Von dem Fleisch die Knochen auslösen. 3 Eier in Salzwasser 10 Minuten hart kochen und pellen. Petersilie und Knoblauch fein hacken und mit 3 aufgeschlagenen Eiern vermengen. Das Brot zu Paniermehl zerkleinern und mit dem geriebenen Käse zu dem Brei geben und unterrühren. Den Brei mit Salz und frisch gemahlenen Pfeffer abschmecken. Gekochte Eier in Scheiben schneiden. Die Lammkeulen mit dem Brei und den gekochten Eiern in der Mitte füllen und fest verschnüren. Das Fleisch mit Margarine einstreichen und im Backofen von allen Seiten auf einem Rost 15 Minuten grillen. Eine Fettpfanne darunter geben. Anschließend bei 180° (Mitte) im Ofen 1 Stunde backen. Dabei öfter drehen. Die Kartoffeln schälen, in Scheiben schneiden, salzen und pfeffern und nach 30 Minuten zu dem Fleisch in die Pfanne legen.

Bacallau a Portuguisa / Kabeljau nach portugiesischer Art

4 große Scheiben Bacallau, 800 g Kartoffeln, 350 g Wurzeln, 350 g Blumenkohlrosen, 350 g Weißkohl, Salz, Pfeffer, 3 Knoblauchzehen, 1 große Zwiebel, Olivenöl, 4 Essl. Weißwein.

Den Fisch wässern und 15 Minuten kochen, wie im Rezept „Bacallau delicioso" beschrieben. Aus dem Kochwasser herausnehmen und warm halten. Die Kartoffeln schälen, in grobe Stücke schneiden und im Fischwasser mit einer geschälten und geviertelten Zwiebel garen. Wurzeln, Blumenkohl und Weißkohl putzen und zerkleinern. Knoblauch abziehen und hacken. Olivenöl in einen Topf geben und das Gemüse darin mit dem Knoblauch und Wein dünsten, bis es weich zu werden beginnt. Dabei immer wieder umrühren. Die Kartoffeln und Zwiebel aus dem Wasser heben, gut abtropfen lassen, den Fisch noch einmal kurz im Wasser erwärmen. Auf einer Platte Kartoffeln mit dem Gemüse anrichten und den Fisch obenauf legen.

Avros doce / Süsser Reis (10 Personen)

1,5 l Milch 1,5 %, 200 g weißer Spitzenreis (Langkorn), 1 Zimtstange, 1 unbehandelte Orange, 30 g Margarine, ¼ l Wasser, 100 g brauner Zucker, Zimtpulver.

Die Orange schälen. Das Wasser in einem Topf zusammen mit Zimtstange, Orangenschale und Margarine zum Kochen bringen. Hitze reduzieren, bis das ganze Wasser verdampft ist. Die Milch zugeben und weiter vorsichtig umrühren. Den Zucker zufügen und noch einmal 10 Minuten kochen lassen. Den Topf vom Herd nehmen, die Orangenschale und Zimtstange entfernen. In Portionsschalen geben und abkühlen lassen. Mit Zimtpulver bestreut servieren.

Filhoses / Kürbisküchlein

1 kg Kürbis (geputzt gewogen), 100 g Zucker, 100 ml Portwein (ersatzweise Brandy), Öl, Salz, Zimtpulver.

Den Kürbis schälen, entkernen und das Fleisch würfeln. Mit wenig Wasser und einer Prise Salz in einem Topf zum Kochen bringen und garen, bis der Kürbis weich ist. In einem Sieb gut abtropfen lassen. Die Kürbiswürfel in eine Schüssel geben, mit Zucker und Wein fein pürieren. Reichlich Öl in eine beschichtete Pfanne geben und das Kürbismus portionsweise (Größe wie Frikadellen) ausbacken. Abtropfen lassen. Mit Zimt bestreut noch warm anreichen.

Schottland

Das Weihnachtsfest wird in Schottland auf ähnliche Weise gefeiert, wie in England! Dank an Michelle und Jeff Tate!

Roastit Bubble-Jock/Weihnachtstruthahn

125 ml Milch, 75 g grobe Semmelbrösel, 1 Stange Sellerie, 1 kleine Zwiebel, 50 g Wasserkastanien (Dose), 300 g Hühnerleber, 2 Essl. frische Petersilie, 1 Prise Muskat, 250 g frische grobe Bratwurst, 5 ml Worcestershire-Sauce, 1 Truthahn von 3,5 kg, 500 ml warmes Wasser, 60 g zerlassene Butter, 2 Essl. Johannisbeergelee.

Selleriestange, Zwiebel und Kastanien mit der Hälfte der Hühnerleber fein hacken und mit der Milch und den Semmelbröseln mischen. Die Wurstmasse aus der Pelle lösen, Petersilie hacken und mit dem Muskat und der Worcestershire-Sauce mischen.
Den Truthahn innen und außen gut waschen und abtrocknen. Die Milchmischung hinten in den Truthahn füllen und mit Rouladenspießen

oder Zahnstochern verschließen. Die Wurstmischung vorne über einen geschnittenen „Schlitz“ in den Kropf des Truthahns füllen und ebenfalls verschließen.
Den Backofen auf 180° vorheizen. Den Truthahn auf einem Rost über einer Fettpfanne in den Ofen schieben. Wasser, die restliche Leber und den abgetrennten Hals des Truthahns in die Fettpfanne legen. Den Truthahn mit Butter bestreichen.
150 Minuten backen, dabei gelegentlich mit dem Bratensaft begießen.

Nach dem Braten den Truthahn etwas ruhen lassen, bevor er aufgeschnitten wird. In der Zeit den Bratensaft mit der Leber in einen Topf abgießen. Den Satz aus der Fettpfanne mit etwas Wasser lösen und ebenfalls in den Topf geben. Den Johannisbeergelee zugeben und bei starker Hitze einige Minuten einkochen. Die Soße durch ein feines Sieb gießen und zum Braten servieren.

Shortbread / Schottisches Mürbegebäck

250 g Butter, 165 g Zucker, 260 g Mehl, ½ Becher Reismehl, 1 Tl. grober Zucker. Etwas Öl.

Ein rundes Pizzablech (28 cm) mit Öl auspinseln und mit Backpapier auslegen.
Butter und Zucker mit dem elektrischen Mixer schaumig rühren. Das Mehl dazusieben und das Reismehl zufügen. Mit einem stumpfen, an der Spitze rundem Messer zu einem weichen Teig vermischen und dann auf eine bemehlte Arbeitsfläche geben. 30 Sekunden glatt kneten. Den Teig auf das Pizzablech geben und mit den Fingern flach in die Form drücken. Den Rand mit den Fingern dekorativ einkerben, so dass ein Wellenmotiv entsteht. Die Oberfläche mit einer Gabel leicht einstechen und mit einem Messer 16 Segmente (Tortenstücke) einritzen. Mit dem groben Zucker bestreuen und im vorgeheizten Backofen bei 160° (Mitte) 35 Minuten backen, bis der Teig goldgelb ist.
Tipp: Der Teig dehnt sich noch aus. Nicht ganz bis zum Rand andrücken. Der Geschmack des Teiges kann mit Backaroma variiert werden!

Dundee-Cake / Schottischer Früchtekuchen

250 g Sultaninen, 125 g Korinthen, 90 g Rosinen, 50 g Orangeat und Zitronat gemischt, 40 ml Whisky, je 1 Tl. geriebene Zitronen- und Orangenschale, 150 g Butter, 150 g brauner Zucker, 3 Eier, 230 g Mehl, ½ Tl. Backpulver, 1 Tl. gemahlene Mandeln, 85 ml Milch, 50 g geschälte Mandeln. Etwas Öl.

Eine tiefe runde Kuchenform (20 cm) mit Öl ausstreichen. Form mit Backpapier auslegen. Sultaninen, Korinthen, Rosinen, Orangeat und Zitronat mit dem Whisky vermengen. Butter und Zucker schaumig schlagen. Nach und nach die Eier zufügen. Die Mischung zu den Früchten geben. Mehl und Backpulver über die Mischung sieben. Gemahlene Mandeln und Milch zugeben und alles mit einem Metalllöffel gut vermengen. Den Teig in die vorbereitete Form geben und die Oberfläche glatt streichen. Die ganzen Mandeln auf der Oberfläche verteilen und fest drücken. Im auf 160° vorgeheizten Backofen (Mitte) 75 Minuten backen (Probe machen). In der Form 20 Minuten ruhen lassen und stürzen.

Cranachan (6 Personen)

4 Essl. Haferflocken, 250 ml Sahne, 40 ml Honig, 20 ml Whisky, 500 g Himbeeren.

Die Haferflocken in einem Topf unter ständigem Rühren ohne Fett etwas anrösten. Vom Herd nehmen und abkühlen lassen. Die Sahne sehr steif schlagen, Honig und Whisky zugeben und unterrühren. Mit einem Metalllöffel die Hälfte der Haferflocken unterheben.
Himbeeren und Sahne im Wechsel in 6 Dessertgläser oder eine große Glasschüssel schichten, dabei mit Sahne enden. Im Kühlschrank mindestens 2 Stunden ruhen lassen. Die zweite Hälfte der Haferflocken vor dem Servieren über die Sahne streuen.

Atholl Brose / Schottisches Festgetränk

115 g Hafermehl, 250 ml Wasser, 2 Essl. Honig, 125 ml Drambui (schottischer Whiskeylikör), 125 ml Schlagsahne.

Hafermehl in eine Schüssel geben, das Wasser erwärmen und nach und nach unterrühren. Mit einem Geschirrtuch bedeckt 30 Minuten stehen lassen. Hafermehlmischung durch ein grobes Sieb in einen sauberen Behälter gießen. Die Flüssigkeit dann durch ein feineres Sieb in einen anderen sauberen Becher gießen. Die Sahne leicht schlagen, bis sie etwas cremig ist. Zusammen mit dem Honig und dem Likör in die Flüssigkeit geben und gut durchschlagen. Zwei ½-l-Flaschen in kochendem Wasser sterilisieren und die Flüssigkeit einfüllen. Gut verschließen und an einem kühlen, dunklen Ort aufbewahren. Vor dem Öffnen die Flaschen gut schütteln.

Weihnachtszeit in Schweden

Anders als bei uns hier, wird in Schweden das Weihnachtsessen in Buffetform angerichtet. Meist ist Fisch in verschiedenen Varianten zu finden.

Es wird ausgelassen und mit viel Zeit im Gepäck gegessen und mit der Familie gefeiert. Dafür werden die Speisen liebevoll zubereitet und angerichtet.

Was praktisch ist: Die Zubereitungen erweisen sich dennoch als unkompliziert und gut vorzubereiten!

Meine liebe Nachbarin Margrit Jahnke ließ mir die Rezepte von Ihrer Schwester zukommen, die schon seit vielen Jahren in Schweden lebt!

Roter Sill

1 Dose abba-Sill
Marinade: 100 g Zucker, 100 ml Ketchup, 100 ml Maisöl, 2 Essl. Weinessig, 1 gehackte Zwiebel, viel gehackter Dill, Einige Zweige frischer Dill.

Die Zutaten für die Marinade miteinander verrühren. Die Sillfilets in kleine Stücke schneiden und untermengen. Mit frischen Dillzweigen garnieren. Kann so zubereitet sofort gegessen werden!

Tipp: „abba-Sill" gibt es bei einem bekannten schwedischen Möbelhaus. Sill kann aber auch gegen marinierte Heringfilets ausgetauscht werden!

Portersteak

1 ½ kg gefrorenes Rindfleisch, 1 Flasche englisches Porterbier, 50 ml schwarzen Johannisbeersaft, 75 ml Sojasauce, 1 Zwiebel geviertelt, 1 Tl. Thymian, 6 schwarze Pfefferkörner, 6 Wacholderbeeren, 1 Würfel Rinderbrühe. Etwas süße Sahne.

Das tiefgefrorene Rindfleisch mit den Zutaten in einem engen Topf 1 ½ bis 2 Stunden kochen. Das Fleisch herausnehmen und die Sauce durch ein Sieb gießen, so dass alle groben Zutaten aufgefangen werden. Dann den Sud zum Kochen bringen und etwas reduzieren. Mit Sahne abschmecken. Evtl. mit Salz und Pfeffer abschmecken.

Tipp: Dazu Kartoffelgratin und Salat servieren!

Tjälknöl/Elchbraten (6 Personen)

1,5 kg Elchfleisch tiefgefroren, 100 g Salz, 600 ml Wasser, 1 Essl. Zucker, 1 Lorbeerblatt, schwarze Pfefferkörner.

Den Backofen auf 75° vorheizen. Das tiefgefrorene Fleisch in die Mitte eines Rostes legen und in die Mitte des Ofens einschieben. Darunter eine mit Alufolie ausgelegte Form stellen. 9-11 Stunden, am Besten über Nacht, backen.
Für den Sud Wasser, Salz, Zucker, Lorbeerblatt und Pfefferkörner aufkochen, bis sich Salz und Zucker aufgelöst haben. Anschließend kalt werden lassen und durch ein Sieb abseihen. Den Sud in einen verschließbaren Beutel geben und darin das noch warme Fleisch legen. Mindestens 5 Stunden marinieren. Anschließend herausnehmen und in dünnen Scheiben zu Kartoffelgratin und Salat servieren!

Tipp: So lässt sich auch Rinderbraten zubereiten!

Ein Rotwein passt gut zu diesem Gericht!

Birnenauflauf
(Dessert)

1 große Dose Birnen, 200 g gemahlene Mandeln, 200 g Butter, 200 g Zucker, 4 Essl. Milch, 2 Essl. Mehl, 200 g tiefgefrorene Himbeeren, etwas Fett für die Form, Vanilleeis, geschlagene Sahne.

Mandeln, Butter, Zucker, Milch und Mehl erhitzen und unter ständigem Rühren eine Creme zubereiten.
Eine flache Auflaufform ausfetten. Die Himbeeren in die Mitte legen und die Birnenhälften verteilen. Die aufgekochte Creme darüber gießen. Im vorgeheizten Backofen bei 175° (Mitte) ca. 15 - 20 Minuten überbacken, bis sich eine goldgelbe Kruste gebildet hat.
Sofort warm mit Vanilleeis und Schlagsahne servieren.

Gammaldags Kanelbullar

Bullar: 150 g Margarine, 450 ml Milch, 50 g Hefe, 150 g Zucker, ½ Tl. Salz, 2 Tl. Kardamom, 780 g Weizenmehl. 1 Ei verquirlt.
Füllung: 50 g Margarine, 100 g Zucker, 1 Essl. Zimt. Für die Garnierung Hagelzucker.

Margarine in der Milch schmelzen. Nicht zu heiß werden lassen! Hefe in eine Tasse bröckeln und mit etwas von der Milchmischung unter Rühren auflösen. Das Mehl mit Salz, Kardamom und Zucker vermischen. Die Milchmischung und die Hefemischung dazugeben und alles gut verkneten. Zugedeckt ½ Stunde gehen lassen. Nochmals durchkneten und 15 Minuten ruhen lassen. Für die Füllung Margarine, Zucker und Zimt in einem Topf unter Rühren schmelzen und abkühlen lassen. Den Teig dünn ausrollen, mit der Füllung bestreichen und aufrollen. 2,5 cm große Stücke abschneiden, auf ein mit Backpapier ausgelegtes Backblech legen, mit Ei einpinseln und mit Hagelzucker bestreuen. 6-8 Minuten im vorgeheizten Backofen (Mitte) 190° backen und auskühlen lassen.

Weihnachtszeit in der Schweiz

In der Schweiz hält man vielfach an ganz persönlichen Familientraditionen fest.

Es gibt genauso Vorbereitungen und weihnachtlichen Schmuck im Haus, wie es bei uns üblich ist. Hier sind es besonders leckere Backwaren, die die weihnachtliche Zeit einläuten.

Dazu gehört auf alle Fälle der GRITTIBÄNZ, dessen Duft am Chlaustag (6.12.) unbedingt durchs Haus ziehen muss. Es ist ein aus Hefeteig hergestellter Mann oder Kobold, dessen Herkunft aus grauer Vorzeit (um 1589) stammt. Auch die BIBERLI, ein weihnachtliches Konfekt, dürfen nicht fehlen. Vielfach werden Dinge aus Marzipan hergestellt. Aber je nach Familie und Konfession gibt es auch sehr unterschiedliche Traditionen.

Ein Dankeschön geht an dieser Stelle an Gudrun Hefti, geb. Jasper, aus Camignolo/Tirol, eine liebe Freundin und Verwandte, die jetzt in der Schweiz lebt.

Grittibänz

Für den Teig: 500 g Weißmehl, 250 ml Milch, 1 Hefewürfel (40 g), 100 g Zucker, 1 Päckli Vanillezucker, 2 Eier, 1 Prise Salz, 100 g Butter.
Zum Bestreichen: 1 Eigelb, 1 Essl. Milch.
Zum Verzieren: Zitronat, Orangeat, Rosinen, Nüsse, Pistazien.

Alle Zutaten müssen bei Raumtemperatur verarbeitet werden. Hefe mit dem Zucker verrühren, bis sich die Hefe verflüssigt hat. Mehl, Milch, Hefegemisch, Vanillezucker, Eier, Salz und Butter zu einem geschmeidigen Hefeteig verarbeiten. Zugedeckt mit einem feuchten Tuch an einem warmen Ort gehen lassen. Ein Backblech mit Backpapier auslegen. Den Teig nochmals gut durchkneten und daraus Männchen formen. Mit den angegebenen Zutaten verzieren. Eigelb mit Milch verquirlen und einstreichen. Aus Teigresten können noch andere Figuren oder Tiere geformt werden. Im vorgeheizten Backofen bei 200° (Mitte) ca. 30 Minuten backen. Auf einem Kuchengitter auskühlen lassen!

Biberli

125 g Honig, 75 g Zucker, 40 g Butter, 240 g Mehl, 2 Tl. Backpulver, 1 ½ Essl. Lebkuchengewürz, 300 g Marzipanrohmasse, 1 Eiweiß, 2 Essl. flüssiger Honig.

In einer beschichteten Pfanne Honig, Zucker und Butter erwärmen, bis sich der Zucker aufgelöst hat. Auskühlen lassen. Die Honigmasse mit Backpulver, Lebkuchengewürz und Mehl zu einem geschmeidigen Teig verkneten. Den Teig dritteln, jeden Teil zu einem länglichen Rechteck auswallen. Das Eiweiß unter das Marzipan mischen, daraus 3 Rollen formen. Diese jeweils auf die Teigvierecke legen, zusammenrollen, so dass das Marzipan umwickelt ist. Die Rollen nun in Dreiecke schneiden. Auf ein mit Backpapier ausgelegtes Backblech legen und im vorgeheizten Ofen bei 200° (Mitte) 15 Minuten backen. Noch heiß mit dem flüssigen Honig einstreichen.

Weihnachten in Tschechien

In Tschechien gehen die Menschen am Heiligen Abend in die Kirchen. Danach wird im Kreise der Familie gefeiert.

Die Kinder werden nach einem Mahl aus Erbsensuppe und gebackenem Karpfen durch ein Glöckchen zur Bescherung gerufen.

Erbsensuppe und Karpfen sind sehr traditionell, wobei jede Familie, gerade beim Karpfen, ihre eigene Rezeptur und Handhabung hat.

Auch etwas „Süßes“ fehlt zur Weihnachtszeit nicht.

Schmunzeln lässt sich über die eigentümlichen Namen wie „Kackwurst“ und „Wasserleichen“.

Dankeschön an dieser Stelle an Valentina Roskowa für Rezepturen und Informationen.

Erbsensuppe

300 g grüne gespaltene Erbsen, 2 Scheiben Bauchspeck, ½ Tl. Salz, 3 Stangen Porree, 100 g Sellerie, 3 große mehlige Kartoffeln, 200 g Fleischwurst.

Die Erbsen 12 Stunden in Wasser einweichen. Den Speck zu den Erbsen geben und soviel Wasser zugeben, dass er vollständig bedeckt ist. Das Salz unterrühren und alles bei milder Hitze etwa 1 ½ Stunden köcheln lassen. Den Lauch waschen und in Ringe schneiden. Sellerie schälen und klein würfeln. Die Kartoffeln schälen und klein würfeln. Das Gemüse unter die Erbsen rühren und weitere 30 Minuten garen. 10 Minuten vor Ende der Garzeit die in Scheiben geschnittene Wurst in die Suppe geben. Den Speck aus der Suppe heben und in kleine Stücke schneiden. Wieder unterrühren. Evtl. mit frisch gemahlenem Pfeffer abschmecken.

Tipp: Vor dem Servieren auf jede Portion einen kleinen Klecks Schmand geben.

Kleine Kackwurst

160 g Puderzucker, 100 g gem. Walnüsse, 5 Essl. Kakaopulver, 70 g gehackte Walnüsse, 1 Ei.

Alle Zutaten vermengen und im Wasserbad zu einem Teig verrühren. Ein Brett mit Zucker bestreuen und darauf den Teig zu einer Rolle formen. In Pergamentpapier einrollen und in den Kühlschrank legen.

Über Nacht durchkühlen lassen.

Vor dem Servieren in dünne Scheiben schneiden.

Wasserleichen

200 g Mehl, 150 g Butter, 3 Essl. Milch, 20 g frische Hefe, Zitronenschale einer unbehandelten Zitrone, 1 Prise Salz, etwas Puderzucker.

Die Zutaten zu einem geschmeidigen Hefeteig verarbeiten. Den Teig zu einer Kugel formen. Einen Topf mit kaltem Wasser füllen und die Kugel hineinlegen. Die Kugel muss dabei vollständig mit Wasser bedeckt sein.
Über Nacht stehen lassen.

Am nächsten Tag aus dem Wasser nehmen, kurz abtropfen lassen und dann ausrollen. Mit einem runden Förmchen Kreise ausstechen (4 cm).

Auf ein mit Backpapier ausgelegtes Backblech legen und im vorgeheizten Backofen bei 200° (Mitte) etwa 8 Minuten backen. Noch heiß in Puderzucker wälzen.

Weihnachten in der Ukraine

In der Ukraine wird sowohl nach dem gregorianischen, als auch nach dem julianischen Kalender gerechnet. Deshalb findet Weihnachten entweder am 25.12. oder am 7.1. statt. Nikolaus, am 6. bzw. 19.12. ist aber gerade für die Kinder der wichtigere Tag, denn an diesem erhalten sie Ihre Geschenke. Am Weihnachtstag erhalten sie gemäß der Tradition nur ein neues Kleidungsstück. Am Heiligen Abend wird das Weihnachtsfest nach genau festgelegten traditionellen Riten gefeiert. Der Tisch wird mit zwei Tischdecken gedeckt, eine für die Ahnen, eine für die lebenden Mitglieder der Familie. Unter den Tisch wird Heu gestreut zur Erinnerung daran, dass Jesus in einer Krippe geboren wurde. Ein Platz mit Gedeck wird für die Verstorbenen freigehalten. In der Mitte des Tisches werden drei runde Brote aufeinander gestapelt als Symbol für die Dreifaltigkeit, die runde Form ist das Symbol für die Ewigkeit. Ährenbündel (Didukh) werden als Gabe für die Ahnen unter die Ikone im Haus gelegt. Dem Glauben zufolge wohnen während der Feiertage die Ahnen in diesen Bündeln. Daneben wird eine Schale mit gekochtem Weizen, gewürzt mit Mohn und Honig, gestellt (Kutia). Diese „Speise Gottes“ gilt als wichtigste Speise des Festmahls. Dazu wird „Uzvar“ serviert, das „Getränk Gottes“, eine Mischung aus 12 verschiedenen Fruchtsäften. Insgesamt werden 12 Gerichte serviert, die allesamt fleischlos sind. 12 steht hierbei für die Anzahl der Apostel (nach christlichem Glauben) oder für die Mondzyklen (nach heidnischen Glauben).

Die Reihenfolge der Gerichte:

1. Kutia 2. Borschtsch (Rote Beete Suppe) 3. Vishka (mit Pilzen gefüllte Klöße aus Kartoffel-Hefeteig) 4. diverse Fischgerichte 5. Mit Kohl, Buchweizen, Kartoffeln oder Pflaumen gefüllte gekochte Klöße 6. Gefüllter Kohl (Holubtsi) 7. Das Mahl endet mit Uzvar.

Bevor das Essen beginnt reicht der Hausherr jedem Anwesenden ein Stück geweihtes Brot, das in Honig getaucht wurde und spricht dazu den Weihnachtssegen.

Einblick in Ihr Leben und die Rezepte gewährte Olena Winkler!

Kutia

500 g Hartweizen, ¼ Tl. Salz, 2 Essl. Honig, 50 g Backmohn.

Den Weizen in reichlich Salzwasser etwa 15 Minuten gar kochen. Leicht abkühlen lassen. In der Zwischenzeit den Honig mit einigen Tropfen Wasser vermischt erwärmen. Den Mohn in den flüssigen Honig einrühren. Diese Mischung unter den noch warmen Weizen rühren.

Borschtsch

1 ½ l Wasser, 2 Tl. Salz, 500 g Rindfleisch, 250 g Schweinefleisch, 250 g durchwachsener Speck, 500 g Rote Beete, 1 Zwiebel, 2 Essl. Schweineschmalz, 2 Essl. Rotweinessig, ½ Tl. Salz, 1 Prise Zucker, 500 g Weißkohl, 1 große Wurzel, 150 g Sellerieknolle, 1 Essl. Zitronensaft, 1 Lorbeerblatt, 100 ml saure Sahne, gehackte Petersilie.

Wasser und Salz zum Kochen bringen. Das gesamte Fleisch darin 70 Minuten kochen. Rote Beete schälen und in Streifen schneiden. Zwiebeln abziehen und würfeln. Im Schmalz andünsten. Die Rote Bete dazugeben und mit dem Essig, dem Zucker und dem Salz würzen.

Die Brühe vom Fleisch zugießen und zugedeckt 50 Minuten garen. Den Kohl putzen und in Streifen schneiden. Die Karotte und den Sellerie raspeln und mischen. Mit Zitronensaft beträufeln. Mit dem Lorbeerblatt zu der Brühe geben. Das Fleisch und den Speck würfeln, zum Gemüse geben und noch einmal 25 Minuten kochen.

Vor dem Servieren saure Sahne auf den Eintopf geben und mit Petersilie bestreuen.

Piroschki

Teig: 250 g Mehl, 1 Tl. Backpulver, 2 Messerspitzen Salz, 2 Eier, ½ Tasse Öl, 2 Essl. Wasser.
Füllung: 1 Zwiebel, 3 Essl. Butter, 200 g Rinderhack, 50 g feingehackte Pilze, 1 hartgekochtes Ei, 4 Essl. Fleischbrühe, Salz, Pfeffer, 2 Essl. frisch gehackter Dill. 1 Eigelb.

Alle Zutaten für den Teig mischen und zu einem glatten Teig verkneten. ½ cm dick ausrollen und Teigkreise ausstechen (6 cm Durchmesser).
Die Zwiebel abziehen, fein würfeln und in der Butter glasig dünsten. Das Fleisch zugeben und gut durchbraten. Die Pilze fein hacken und dazugeben. 5 Minuten mitbraten. Das Ei fein hacken und mit den restlichen Zutaten unter das Fleisch rühren. Immer 1 Essl. Füllung auf einen Teigkreis geben und diese zu Halbkreisen zusammenklappen. Die Oberseite mit Eigelb bestreichen und die „Piroschki“ auf ein mit Backpapier ausgelegtes Backblech legen. Im vorgeheizten Backofen bei 230° (Mitte) 25 Minuten backen.

Uzvar

Zu gleichen Teilen zum Beispiel je 250 ml:
Apfelsaft, Holundersaft, Birnensaft,
Sauerkirschsaft, Pfirsichsaft, Brombeersaft,
Sanddornsaft, Himbeersaft, blauer Traubensaft,
weißer Traubensaft, Zitronensaft, Pflaumensaft,
1 Zimtstange, Nelken.

Die Säfte mischen und etwas erwärmen.

Mit einer Zimtstange und einigen Nelken rund 1 Stunde ziehen lassen. Die Gewürze entfernen und das Getränk auskühlen lassen.

Das erkaltete Getränk servieren.

Rezeptregister

Weitere Kochbücher aus dem Verlag SCHNELL

Alle 15 x 21 cm, gebunden, 192 Seiten, 9,90 Euro.

Pumpernickel - Brot, wie es im Buche steht
Das Kartoffel-Kochbuch
Äpfel - rundum köstliche Rezepte
Pumpkin & Co - Kürbiskochbuch
Himbeeren und Heidelbeeren
Das Bärlauch-Kochbuch
Das Kinderkochbuch
Muhhh - Milch, Käse, Quark & Co
Verpackte Köstlichkeiten in Pergament + Folie
Westfälischer Kaffeeklatsch
Köstlichkeiten vom Spargel
Westfälisches Plätzchenbuch (272 S.!)
Champignons, Steinpilz & Co.
Holunderzauber - ein Kochbuch & mehr
Heilkräuter - ein Genuss!

Literarische Kochbücher:
Das Goethe-Kochbuch (12,40 Euro); Goethes erotische Liebesspeisen (13,40 Euro); Wilhelm Busch-Kochbuch (13,40 Euro); Fontane-Kochbuch (10,00 Euro); Das Schiller-Kochbuch (14,80 Euro).

Das
BÄRLAUCH
Kochbuch
Andrea Kösslinger • Sibylle Reiter
SCHNELL

KÜRBIS
Der Kaiser des Gartens
Ein Kochbuch
SCHNELL

Erdbeeren
Einfache und raffinierte
Rezepte
rund um eine
verführerische
Frucht
SCHNELL

UFOS & Co
Ein Zucchinikochbuch
SCHNELL